MERIAN *live!*

Mykonos

Diesen Reiseführer schrieb **Helmuth Weiss**, Diplom-Psychologe und seit Jahren als Autor tätig. Einer seiner Schwerpunkte ist Griechenland: Er verfasste u. a. MERIAN *live!* »Kos« und »Chalkidiki«.

👪	Familientipps	
♿	Diese Unterkünfte haben behindertengerechte Zimmer	
◎	Ziele in der Umgebung	

Preise für ein Doppelzimmer mit Frühstück:

€€€€ ab 100 € €€ ab 30 €
€€€ ab 50 €   € bis 30 €

Preise für ein dreigängiges Menü ohne Getränke:

€€€€ ab 30 € €€ ab 10 €
€€€ ab 20 € € bis 10 €

Inhalt

Willkommen auf Mykonos 4

 MERIAN-TopTen
Höhepunkte, die Sie sich nicht entgehen lassen sollten 6

 MERIAN-Tipps
Tipps, die Ihnen die unbekannten Seiten der Insel zeigen 8

Zu Gast auf Mykonos 10

Übernachten 12
Essen und Trinken 14
grüner reisen 18
Einkaufen 22
Feste und Events 26
Sport und Strände 28
Familientipps 32

◄ Beliebtes Fotomotiv: Pedro, der berühmte Pelikan der Insel, in Mykonos-Stadt (▶ S. 36).

Unterwegs auf Mykonos — 34

Mykonos-Stadt 36
Die Südküste 62
Áno Merá und der Osten 70
Die Nordküste 78

Nordküste
Áno Merá und der Osten
Mykonos-Stadt
Südküste

Touren und Ausflüge — 82

Große Inselrundfahrt 84
Ausflug zur Nachbarinsel Delos 86

Wissenswertes über Mykonos — 94

Auf einen Blick 96
Geschichte 98
Sprachführer Neugriechisch ... 100
Kulinarisches Lexikon 104
Reisepraktisches von A–Z 106

Kartenlegende 113
Kartenatlas 114
Kartenregister 122
Orts- und Sachregister 124
Impressum 128

✳ Karten und Pläne

Mykonos .... Klappe vorne
Kykladen .... Klappe hinten
Mykonos-Stadt 39
Delos 87

Kartenatlas 114–121

Die Koordinaten im Text verweisen auf die Karten, z. B. ▶ S. 118, B 10.

Extra-Karte zum Herausnehmen .... Klappe hinten

Willkommen auf Mykonos
Mit dem Charme der Kykladen und typisch griechischer Gelassenheit weiß die Insel zu überzeugen.

Wer nachts mit einem der großen Fährschiffe in den Hafen von Mykonos einläuft, verspürt sofort den einzigartigen Zauber, der diese Insel umgibt: Wie die Stufen eines Amphitheaters steigen die Häuser halbkreisförmig am Hang empor, das Weiß der Häuser im künstlichen Licht verströmt besonders aus der Ferne eine fast unwirkliche Atmosphäre: »Man nehme Picasso, Brancusi und Gaudí und stoße ihre Köpfe zusammen – das Ergebnis könnte ähnlich sein wie Mykonos in der Abenddämmerung, wenn es sich vor einem blauschwarzen Meer in violetter Weiße auflöst (…), dann weidet man nur noch Auge und Herz an diesem verschwenderischen Basar weiß glühender Lieblichkeit«, schrieb einst der Schriftsteller und Griechenlandkenner Lawrence Durrell voller Bewunderung über die Inselhauptstadt.

So zutreffend diese Beschreibung einerseits ist, so unvollkommen ist sie gleichzeitig. Denn gerade bei Nacht offenbart Mykonos noch eine andere schillernde Facette, die für viele Besucher den besonderen Reiz der Insel ausmacht. Wenn in den zahlreichen Restaurants und Bars das eigentliche Leben erwacht, wird die Chóra – so nennen die Mykonioten ihre Stadt – zum Treffpunkt und Laufsteg für unzählige Nacht-

◀ Stimmungsvoll: die Chóra, wie Mykonos-Stadt (▶ S. 36) auch genannt wird, im Licht der untergehenden Abendsonne.

schwärmer und Szenegänger. Bis in den Morgen hinein gleichen die tagsüber so beschaulichen Gassen und Plätze einem einzigen großen Partyraum. Wer dabei sein möchte, braucht vor allem genügend Ausdauer, denn geradezu verpönt ist es, den ganzen Abend in nur einer einzigen Bar zu verbringen.

Treffpunkt der Stars und Sternchen

Mykonos gehört zu einer der ersten Inseln der Ägäis, die sich für den Tourismus geöffnet haben. Diente das Eiland anfänglich als Durchgangsstation für betuchte Reisende auf dem Weg zu den berühmten Heiligtümern der Nachbarinsel Delos, entdeckte der internationale Jetset die Insel in den 50er-Jahren für sich. Dank Pierre Cardin, Yves Saint Laurent und Christian Dior gibt es auf Mykonos heutzutage mehr Boutiquen und Juweliergeschäfte als auf allen anderen Inseln der Ägäis. Stars der Filmbranche, von Brigitte Bardot über Liz Taylor, Ingrid Bergmann oder Anthony Perkins, ließen die Insel zu einem Treff der Stars und Sternchen avancieren.

In den 60er- und 70er-Jahren lockte der Ruf der Freizügigkeit und Toleranz, verbunden mit der Aussicht auf das süße Leben unter südlicher Sonne, die Jugend Europas auf die Kykladeninsel. Und so machte sich Mykonos auch immer mehr einen Namen als Insel der Schwulen und Lesben, war hier doch die Toleranz gegenüber gleichgeschlechtlicher Liebe so groß wie sonst nirgends an den Küsten des Mittelmeeres.

Chóra – die Inselschönheit

Wer die Chóra nicht kennt, hat die Kykladen nicht gesehen. Die Stadt genießt den Ruf, eine der schönsten mediterranen Städte überhaupt zu sein. »Was die Architektur sagen kann, das hat sie hier gesagt«, soll einmal der berühmte Architekt Le Corbusier gesagt haben. Man kann ihn verstehen. In der Tat sind es die Häuser und Gassen der Chóra, die in ihrer einheitlichen Geschlossenheit faszinieren. Die weiß getünchten kubischen Blöcke scheinen von einem kaum entwirrbaren Band enger Gassen umschlossen, ein Labyrinth, das sich dem Besucher erst nach mehrtägigem Durchstreifen langsam erschließt. Selbst die zahllosen Geschäfte, Boutiquen, Restaurants und Bars, die meistens im Erdgeschoss untergebracht sind, vermögen diesen Eindruck kaum zu beeinträchtigen, was vielleicht daran liegt, dass sie durch ihre übersichtliche Größe eine natürliche Intimität wahren.

Ein wirkliches Zentrum mit Hauptplatz wird der Besucher vergeblich suchen, an mehreren Stellen öffnen sich kleine Plätze, allesamt von individuellem Charakter.

Doch was wären Chóra und Nachtleben ohne die zahlreichen herrlichen, feinsandigen Strände, die auf Mykonos Badevergnügen pur bieten. Mehr als 300 Sonnentage im Jahr versprechen ein ausgiebiges Strandleben. Erst diese Kombination aus Traumstränden und nächtlichem Vergnügen macht den speziellen Reiz der Insel aus.

MERIAN-TopTen

MERIAN zeigt Ihnen die Höhepunkte der Insel: Das sollten Sie sich bei Ihrem Besuch auf Mykonos nicht entgehen lassen.

 Ruhige Strände im Südosten
Entspannte und unbeschwerte Strandtage genießt man in Kaló Livádi, Agía Ánna, Kalafáti und Liá (▸ S. 31, 74, 76).

 Paradise Beach
Es gibt wohl kaum einen anderen Strand in Griechenland, der den Ruf einer Insel so geprägt hat (▸ S. 31, 65)!

 Altstadtgassen von Mykonos-Stadt
Die berühmte kubische Architektur der Kykladen in Reinkultur (▸ S. 37, 46).

 Kirche Panagía Paraportianí, Mykonos-Stadt
Ein Gesamtkunstwerk aus fünf Kapellen (▸ S. 40).

 Venetía-Viertel, »Klein-Venedig«, Mykonos-Stadt
Das malerische Viertel erinnert mit seinen Balkonen über dem Wasser ein wenig an die italienische Lagunenstadt (▸ S. 40).

 Archäologisches Museum, Mykonos-Stadt
Interessante Einblicke in die Vergangenheit von Mykonos und der Insel Delos (▸ S. 42).

 Nachtleben von Mykonos-Stadt
Tanz und Party bis in den frühen Morgen – für manch einen der wichtigste Grund, nach Mykonos zu kommen (▸ S. 55).

 Badeboote ab Platís Gialós
Entdecken Sie die schönsten Strände der Insel zunächst einmal vom Wasser aus (▸ S. 67).

 Áno Merá
Das einzige wirkliche Dorf der Insel hat sich einige typisch griechische Traditionen bewahrt (▸ S. 71).

 Nachbarinsel Delos
Eine Besichtigung der bedeutenden Ausgrabungsstätten auf dem nicht weit entfernten Delos sollte man nicht versäumen (▸ S. 86).

MERIAN-Tipps
Mit MERIAN mehr erleben. Nehmen Sie teil am Leben der Insel und entdecken Sie Mykonos, wie es nur Einheimische kennen.

1 Andrónikos Hotel, Drafaki
In diesem geschmackvollen Design-Hotel ist Wohlfühlen garantiert (▸ S. 13).

2 Restaurant Ávra, Mykonos-Stadt
Intimes Ambiente verspricht der Restaurantgarten des Ávra. Perfekt für einen lauen Sommerabend (▸ S. 15).

3 Mykonos Diving Center, Paradise Beach
Mykonos gilt als lohnenswertes Tauchgebiet. Die Tauchbasis führt zu den schönsten Plätzen (▸ S. 30).

4 Karolina – Aussteigerin und Malerin, Mykonos-Stadt
Ihre bunten Gemälde mit inseltypischen Motiven machen gute Laune (▸ S. 40).

5 Galerie Scala, Mykonos-Stadt
Mehr als die üblichen Souvenirs: wunderschöne Schmuckstücke und Kunsthandwerk (▸ S. 54).

6 »Sundowner« im Caprice, Mykonos-Stadt
Nirgendwo schmecken Caipirinha & Co. besser als auf der Terrasse des Caprice (▸ S. 56).

 Apollónia Resort, Ágios Ioánnis
Edles Weiß bestimmt die Atmosphäre dieses Hotels bei Ágios Ioánnis (▸ S. 58).

 Eliá Beach Restaurant, Eliá Beach
Eine gemütliche Taverne am Strand, dazu schmackhaftes Essen: Das ist Urlaub auf Mykonos (▸ S. 65)!

 Myconian Imperial Resort & Thalasso Spa Center, Eliá Beach
Die Anlage zählt zu den »Leading Hotels of the World« (▸ S. 66).

 Pánormos Village, Amigdalidi
Wer sich in familiärer Atmosphäre verwöhnen lassen möchte, dem sei die Bungalowanlage im Norden der Insel empfohlen (▸ S. 80).

Die ruhige Lage in einer Bucht und der traumhafte Blick auf das Meer versprechen einen erholsamen Urlaub: das Santa Marina Resort (▶ S. 60) in Ornós.

Zu Gast
auf Mykonos

Die Insel Mykonos präsentiert sich als Oase des Luxus. Nobelherbergen, Gourmettempel und Designerboutiquen haben hier reichlich Zulauf.

Übernachten
Egal, ob Luxushotel oder Privatunterkunft, auf der gesamten Insel überwiegt die schlichte weiß-blaue Kykladen-Architektur, die auch einfachen Häusern ein edles Aussehen verleiht.

◄ Geschmackvolle Zimmer mit schöner Aussicht hat das Myconian Ambassador Hotel (▶ S. 67) in Platís Gialós zu bieten.

Da Mykonos nahezu ausschließlich vom Tourismus lebt, ist das Angebot an Hotels und Pensionen entsprechend groß. Es gibt viele Unterkunftsmöglichkeiten, vom einfachen Privatzimmer bis zur Luxusherberge. Doch allgemein gilt: Die Insel der Schönen und Reichen ist eher teurer. Dafür erwarten den Besucher überwiegend geschmackvolle, im charakteristischen Stil der Kykladen errichtete Hotelanlagen von kleiner oder mittlerer Größe.

Auf Mykonos ist alles etwas teurer

Wer in der Hauptreisezeit Juli und August spontan auf Zimmersuche geht, findet nur mit Mühe ein freies Bett. Außerhalb der Hochsaison ist das Angebot nicht nur größer, die Übernachtungspreise sind auch günstiger: Wer etwas handelt, kann einen **Preisnachlass** von bis zu 20 % erzielen. In der Vor- und Nachsaison liegen die Preise für ein Privatzimmer bei 20 bis 50 € pro Nacht (Doppelzimmer ohne Frühstück), in der Hauptsaison klettern sie mindestens auf 40 bis 120 €. Für ein Hotelzimmer in der Stadt sind Übernachtungspreise von 100 bis 300 € keine Seltenheit. Wer nicht ganz so tief in die Tasche greifen möchte, sollte das Zimmer über einen Reiseveranstalter buchen.

Hotelkategorien

Hotels werden in Griechenland von der griechischen Zentrale für Fremdenverkehr (E.O.T.) in unterschiedliche Kategorien (Luxus, A, B, C, D und E) eingeteilt, die für eine bestimmte Ausstattung und Preisstufe stehen. Ein Hotel der Kategorie B oder C kann durchaus einen aufmerksameren Service bieten als ein Hotel der nächsthöheren Kategorie. Direkt am Fährhafen in Mykonos-Stadt gibt es drei **Agenturen** für die Hotelsuche. Vermittlungsbüros in der Stadt bieten weitere Möglichkeiten, ein Zimmer zu finden.

MERIAN-Tipp

ANDRÓNIKOS HOTEL
▶ S. 39, südl. c 6

Wer eine künstlerisch angehauchte Atmosphäre in lockerem Ambiente liebt, wird sich in diesem Hotel wohlfühlen. Die Zimmer haben einen großen Balkon und sind alle unterschiedlich gestaltet, vom eher traditionellen Stil bis hin zur coolen Design-Ausstattung. Das Hotel liegt etwas außerhalb des Stadtzentrums an einem Hang über dem Meer, doch ein großer Meerwasserpool mit Sonnenterrasse entschädigt für die Strandferne. Außergewöhnlich auch die Qualität des Hotel-Restaurants. Besonders freundliches und hilfsbereites Personal.
Drafaki • Tel. 2 28 90/2 42 31 • www.andronikos.gr • 53 Zimmer • €€€

Empfehlenswerte Hotels und andere Unterkünfte finden Sie bei den Orten im Kapitel ▶ Unterwegs auf Mykonos.

Preise für ein Doppelzimmer mit Frühstück:

€€€€ ab 100 €	€€ ab 30 €
€€€ ab 50 €	€ bis 30 €

Essen und Trinken
»Veredelte« griechische Gerichte, die zahlreiche Einflüsse aus der internationalen europäischen Esskultur erkennen lassen, prägen die Inselküche und erfreuen selbst Genießer.

◀ Sehr beliebt und daher immer bis auf den letzten Platz besetzt: Nikos Tavern (▶ S. 52) in Mykonos-Stadt.

Eigentlich gilt Griechenland nicht unbedingt als ein Paradies für Feinschmecker. Die Gerichte der traditionell bäuerlichen Küche sind, wie viele Regionalküchen, einfach und bodenständig. Doch Mykonos ist anders. Nirgendwo in Griechenland gibt es so viele gute und edle Restaurants wie dort. Natürlich stehen auch hier **griechische »Klassiker«** auf der Speisekarte, angefangen von einer mächtigen »moussakás«, einem Auflauf aus Kartoffeln, Auberginen und Hackfleisch, bis hin zu zarten »dolmadákia«, jungen, eingerollten Weinblättern, mit verschiedenen Gewürzen und Reis gefüllt. Doch auch diese weithin bekannten Gerichte werden hier in einigen Restaurants mit derartiger Raffinesse zubereitet, dass selbst eingefleischte Griechenlandkenner neue Geschmackshorizonte entdecken.

Internationale Küche auf hohem Niveau

Doch damit nicht genug. Die gehobene französische und italienische Küche hat auf der Insel ebenso Einzug gehalten wie die asiatische Küche. Hier trifft sich die High Society und all jene, die sich gern darunter mischen möchten. Natürlich erreicht auch das Preisniveau in diesen **Gourmettempeln** die höchsten Sphären, doch nicht nur dort: Auf der gesamten Insel liegen die Preise in den Restaurants und Tavernen weit über dem, was man sonst von griechischen Inseln gewohnt ist. Wer keine Halbpension gebucht hat und ein preiswertes Abendessen sucht, ist in seiner Auswahl etwas eingeschränkt. Die einfache Tavernenkultur, wie sie viele Griechenlandliebhaber schätzen, ist auf Mykonos mehr und mehr in den Hintergrund gedrängt worden.

Frühstück auf Griechisch

Ein starker Kaffee, Toast mit Butter und Marmelade, das war's dann auch schon: Ein ausgiebiges und langes **Frühstück** entspricht ganz und gar nicht griechischen Traditionen. Natürlich haben sich die meisten Hotels auf die Bedürfnisse ihrer Gäste eingestellt und bieten ein erweitertes Frühstück an, das man sich am Buffet selbst zusammenstellen kann. Hat man das Zimmer ohne Früh-

---

MERIAN-Tipp

RESTAURANT ÁVRA ▶ S. 39, b 4

Mitten im Gassengewirr von Mykonos-Stadt hat man im Garten des Restaurants Ávra einen hübschen Sitzplatz im Grünen. Auf der Speisekarte dominiert die griechische Küche, ergänzt durch eine Reihe internationaler Gerichte wie Risotto mit Meeresfrüchten oder Hühnchen auf orientalische Art. Ein Traum sind die selbst gemachten Nachspeisen wie Champagner-Mousse oder gebackene Birne. Das Weinangebot umfasst viele Weine des namhaften Produzenten Tsántalis, aber auch den lokalen Paraportianó. Reservierung empfehlenswert.
Mykonos-Stadt, Kalógera 10 • Tel. 2 28 90/2 22 98 • von März–Nov. ganztägig geöffnet • €€€

stück gebucht, werden in den Hotels der oberen Preiskategorie bis zu 30 € für das Frühstücksbuffet verlangt – ein Preis, der nicht immer angemessen erscheint.

Auch wenn die Griechen – wie die meisten Südeuropäer – nur wenig und oft lediglich kalte Gerichte zum **Mittagessen** verzehren, kann man auf Mykonos vielerorts bereits ab 11 Uhr zu Mittag essen. Manche Tavernen und Restaurants servieren den ganzen Tag durchgehend warme Küche. Eine günstige Alternative zum Restaurantbesuch sind die vielen kleinen Imbissstuben in Mykonos-Stadt, die köstliche Snacks für zwischendurch anbieten.

Zum »Sundowner« ins Venetía-Viertel

Wenn sich der Abend ankündigt, führt der Weg der Einheimischen und Besucher in die Bars und Kneipen rund um »Klein-Venedig« in Mykonos-Stadt, um dort den Sonnenuntergang zu genießen. Die Liste der angebotenen Cocktails und Drinks wird von Jahr zu Jahr länger und ausgefallener, doch das »Sehen und Gesehen werden« steht eindeutig im Vordergrund. Die griechische Hauptmahlzeit ist das **Abendessen**, eine kulturelle wie gesellschaftliche Institution. Während das Essen in den Hotels meist gegen 19 Uhr serviert wird, suchen die Griechen die Tavernen und Restaurants häufig erst gegen 21 oder 22 Uhr auf. Entsprechend lang ziehen sich die Tafelfreuden hin. Und noch etwas: Vor allem in der Hauptsaison ist es in den meisten Restaurants unbedingt erforderlich, einen Tisch zu reservieren.

Viele Speisekarten sind, dem internationalen Publikum entsprechend, auf Englisch oder sogar auf Deutsch abgefasst. In einfacheren Tavernen werden manchmal nur diejenigen Gerichte angeboten, die auch mit einem Preis versehen sind. Häufig werden die einzelnen Gänge eines Menüs gleichzeitig serviert. Will man dies vermeiden, kann sich aber nicht verständlich machen, so ist es am besten, die einzelnen Gerichte einfach nacheinander zu bestellen. Im Rechnungspreis sind Mehrwertsteuer und Bedienung enthalten, Trinkgeld ist erwünscht.

Wasser und Wein

In Griechenland wird stets Wasser zum Essen oder auch zum Kaffee getrunken. Leider ist der Brauch, alle Gäste kostenlos mit einem Glas oder einer Karaffe mit Wasser zu versorgen, etwas in Vergessenheit geraten. Doch noch immer ist **Wein** traditioneller Begleiter eines guten Essens, was die Tatsache erklären mag, dass der Weinverbrauch der Griechen doppelt so hoch ist wie der in Deutschland. Allerdings trifft der geharzte **Retsína** nicht jedermanns Geschmack. Harz wird dem Wein übrigens anstelle von Schwefel zur Konservierung beigefügt, was der Bekömmlichkeit zweifellos zugutekommt. Seit einigen Jahren wird auf Mykonos auch wieder eigener Wein produziert. Der weiße, rosé oder rote **Paraportianó**, der unter ökologischen Bedingungen hergestellt wird, ist durchaus zu empfehlen. Inzwischen haben mehrere ausländische Bierbrauereien Niederlassungen in Griechenland eröffnet. Somit sind viele bekannte Marken wie Amstel, Heineken, Löwenbräu oder Karlsberg auch auf Mykonos erhältlich. Versäumen Sie nicht, eines der ein-

Essen und Trinken

heimischen Biere zu probieren, beispielsweise die Marke mit dem tiefsinnigen Namen Mythos. Die bekanntesten griechischen **Spirituosen** haben auch bei uns längst Einzug gehalten. Neben Brandy oder dem Weinbrand Metaxá gilt das vor allem für Ouzo, einen Anisschnaps, der pur oder verdünnt mit Wasser oder Eis getrunken wird. In sich haben es die reinen Tresterschnäpse, wie »rakí« oder »tsípouro«.

Kaffee wird in Griechenland zu jeder Zeit des Tages getrunken. Wer nicht den üblichen Nescafé trinken möchte, sollte einen »café ellinikó« bestellen, ein mokkaähnliches Getränk ohne Milch, zu dem stets ein Glas Wasser gereicht wird. Dieser Mokka wird verschieden stark und unterschiedlich süß serviert – fast schon eine Wissenschaft für sich. Das Wichtigste für den Anfang: »glikós« bedeutet sehr süß; »métrios« mit etwas Zucker; »skétos« ohne Zucker. Sehr erfrischend bei großer Hitze ist ein kalter, schaumig geschlagener und mit Eiswürfeln servierter Nescafé »frappé«.

Bitte beachten Sie, dass die Regelung der **Öffnungszeiten** auf Mykonos – je nach Besucherandrang – recht leger gehandhabt wird: Sobald die Saison beginnt, öffnen die meisten Restaurants, Tavernen und Bars ab dem späten Vormittag und schließen, wenn der letzte Gast das Lokal verlassen hat. Einige wenige Restaurants öffnen erst am Abend. Fast alle Restaurants und Tavernen akzeptieren die gängigen Kreditkarten.

Empfehlenswerte Restaurants finden Sie bei den Orten im Kapitel ▶ **Unterwegs auf Mykonos.**

Preise für ein dreigängiges Menü:
€€€€ ab 30 €   €€ ab 10 €
€€€ ab 20 €   € bis 10 €

Ein Mix aus internationalen und landestypischen Gerichten bestimmt die griechische Küche: Das Risotto mit Meeresfrüchten stammt ursprünglich aus Italien.

grüner reisen

Wer zu Hause umweltbewusst lebt, möchte dies vielleicht auch im Urlaub tun. Mit unseren Empfehlungen im Kapitel grüner reisen wollen wir Ihnen helfen, Ihre »grünen« Ideale an Ihrem Urlaubsort zu verwirklichen und Menschen zu unterstützen, denen ein verantwortungsvoller Umgang mit der Natur am Herzen liegt.

Naturnaher Urlaub

Um es deutlich vorweg zu sagen: Der Umweltgedanke hat auf Mykonos noch wenig Fuß gefasst – umso wichtiger sind deshalb die Anstrengungen einiger weniger, einen verantwortungsvolleren Umgang mit der Natur in Gang zu setzen. Zumindest klare Luft und sauberes Wasser gehören zum Markenzeichen von Mykonos, jedes Jahr können sich mehrere Strände der Insel mit der »Blauen Flagge« schmücken, dem EU-weiten Symbol für saubere Strände.

In Ermangelung ausreichender eigener Süßwasservorräte muss auf Mykonos Trinkwasser bisweilen auf Tankschiffen herbeigeschafft werden, eine Meerwasserentsalzungsanlage unterstützt die Bereitstellung ausreichender Trinkwassermengen. Die Touristen sind also aufgerufen, in den heißen Sommermonaten nicht verschwenderisch mit dem kostbaren Nass umzugehen. Warum auf Mykonos der an zahlreichen Tagen des Jahres stark wehende Wind nicht stärker genutzt wird, verblüfft so manchen Besucher. Und auch die bislang eher bescheidene Nutzung der Sonnenenergie birgt noch ein enormes Potential für eine umweltfreundliche Energiegewinnung.

ÜBERNACHTEN
Mykonos Grand Hotel & Resort
▶ S. 118, B 10

Das Mykonos Grand Hotel & Resort ist ein Luxushotel erster Güte, mit Spa-Center und 500 qm großem Meerwasserpool, zahlreichen Sport- und Fitnessmöglichkeiten und großen Zimmern und Suiten. Am eigenen Strand kann man sich gut erholen, da lärmende Wassersportaktivitäten nicht zugelassen sind. Dass auch und gerade Luxushotels eine Vorreiterrolle in Sachen Umweltschutz einnehmen können, beweist das Mykonos Grand Hotel in eindrucksvoller Weise. Vielfältig sind hier die Versuche, ökologisches Handeln in die Tat umzusetzen und einen möglichst sparsamen Ressourcenverbrauch durchzusetzen. Das beginnt bei der Architektur: Auf den Hoteldächern wurde großflächig Kies aufgebracht, was das Aufheizen der Dachkonstruktion nachhaltig verringert und den Einsatz der Klimaanlagen dezimiert. Auch wird die Luftzirkulation dadurch verbessert. In Teilen der Anlage wurde modernstes Glas eingesetzt, das die Sonnenstrahlen blockiert und dadurch die Klimaanlage schont. Energiesparlampen und Zeitschaltuhren reduzieren den Energieverbrauch ebenso wie codierte Schlüsselkarten, sodass nach Verlassen des Zimmers die Stromzufuhr abgeschaltet wird.

Um die Swimmingpools nicht unnötig durch zu viel Chlor zu belasten, wurden Ozongeneratoren installiert. Auch auf das Recycling verwendeter Materialien wird geachtet.

Einheimische griechische Produkte, vom Mineralwasser bis zur Schokolade, werden bevorzugt, falls sie in guter Qualität vorhanden sind. Nicht mehr verwendete Einrichtungsgegenstände wie Stühle und Vorhänge werden an Wohlfahrtsorganisationen und Waisenhäuser gespendet.

Im Hotelrestaurant Dolphins of Delos werden ausschließlich Zutaten inländischer Herkunft verwendet, alle Kräuter bezieht man aus dem hoteleigenen Garten. Und auch die Weinkarte ist auf griechische Produkte spezialisiert.
Ágios Ioánnis • Tel. 2 28 90/2 55 55 • www.mykonosgrand.gr • 107 Zimmer • €€€€

ESSEN UND TRINKEN
Barbarossa Mykonos Restaurant
▶ S. 118, C 9

Stolz ist man im Barbarossa Mykonos Restaurant im Luxushotel Tharroe of Mykonos darauf, als erstes Restaurant auf der Insel Bioprodukte verwendet zu haben und die lokale griechische Küche in den Vordergrund zu stellen. Dass die Verwendung lokaler Bioprodukte und die Einstufung als Gourmetrestaurant kein Widerspruch sein müssen, wird hier eindrücklich unter Beweis gestellt.
Angelika, Hotel Tharroe of Mykonos Hotel de Luxe • www.tharroeofmykonos.gr • Tel. 2 28 90/2 73 70 • €€€

Hotel Paradise View   ▶ S. 119, E 11

Auch das Hotel Paradise View, das in seinen Restaurants sowohl griechische als auch internationale Küche anbietet, verweist darauf, dass alle im Restaurant verwendeten Zutaten aus der Bioproduktion stammen.
Paradise Beach • www.paradiseview.gr • Tel. 2 28 90/2 66 36 • €€€

Plakota Farm   ▶ S. 120, A 13

In der Nähe von Áno Merá liegt das ökologische Landgut Plakota Farm (an der Straße nach Áno Merá in der Nähe der Tankstelle rechts ab, dann noch

fünf Minuten mit dem Auto). Der Besitzer des Restaurants Philippi in der Chóra, Philippi Kontizas, zieht hier sein eigenes Gemüse, hat alte Gebäude renoviert und begrüßt in der Taverne auch gern Gäste, die das eigene frisch geerntete Gemüse genießen können. Gern informiert der Besitzer über traditionelle Produkte aus Mykonos, über Weinerzeugung und Gemüseproduktion.
Vassilika • http://philippis.gr • Tel. 2 28 90/2 55 32 • €€

EINKAUFEN

Nikolétta ▶ S. 39, a 4

Auf Mykonos arbeiteten einst zahlreiche Weber, die mit ihren Teppichen und anderen Produkten ihr Geld verdienten. Eine der wenigen, die dies heute noch betreibt, ist Nikoletta Xidakis. In ihrem Laden in »Klein-Venedig« findet man handgewebte Oberteile, Schals, Socken, Röcke, Decken etc. – wenn man Glück hat, kann man ihr sogar bei der Arbeit über die Schulter schauen. Für ihre Mode verwendet sie übrigens nur Wolle von Schafen, die auf der Insel leben.
Mykonos-Stadt, Klein-Venedig • Tel. 2 28 90/2 75 03

Pandopoleion ▶ S. 39, c 4

Mehrere Läden auf der Insel verkaufen ökologische Produkte. So z. B. Pandopoleion, eher bekannt unter dem Namen Organic Shop, wo man auch frische Lebensmittel aus ökologischem Anbau kaufen kann.
Mykonos-Stadt, Kalógera 24

To Apodosidi Tou Filippi
▶ S. 39, c 4

Eine kleine Auswahl an ökologischen Produkten wie Seifen, Cremes, (traditionelle) Accessoires, hergestellt auf Mykonos, kleine Geschenke und andere Souvenirs findet man auch in diesem Laden.
Mykonos-Stadt, Kalógera 25

Wein ▶ S. 116, B 8

Er taucht zwar auf so manchen Weinkarten der Insel auf, doch nur wenige wissen, dass der Wein von Paraportianó aus Mykonos stammt, der Inselwein also keine langen Transportwege hinter sich hat. Der ehemalige Banker Nicos Asimomitis hat eine alte Tradition der Insel neu belebt und betreibt Weinbau auf Mykonos – und zwar auf biologische Art und Weise. Da glänzt nicht nur roter Mohn und wuchern Getreidehalme zwischen den Rebstöcken, ein Saum verschiedenfarbiger Rosenstöcke umgibt den Wein wie ein schützendes Band. »Die Rosen werden als Erste von den Schädlingen angefallen und geben mir dann ausreichend Zeit, geeignete Gegenmaßnahmen zu ergreifen«, erzählt Herr Asimomitis. Und wenn der Besucher dann bei den Weinstöcken von einem furiosen Klangteppich des russischen Komponisten Rachmaninoff ergriffen wird, setzt Erstaunen ein. Das musikalische Feuerwerk sprüht aus kleinen, an Stangen aufgehängten Lautsprechern mitten im Weinfeld und schafft eine Verknüpfung der besonderen Art: Die tiefgründige Musik der russischen Seele verbindet sich mit der Leichtigkeit mediterraner Gelassenheit zu einer reizvollen, dem Betrachter bisher unbekannten Synthese. »Die Musik tut gut«, meint Nicos Asimomitis mit einem verschmitzten Lächeln, »sie fördert nicht nur das Wachstum meiner Rebstöcke, sondern sie hilft auch denjenigen, die hier im Weinfeld arbeiten, bei der Bewältigung ihrer schweißtreibenden Tätigkeit.« Doch genau weiß

Weinbau auf Mykonos zu betreiben ist wegen des starken Windes gar nicht so einfach. Im Gebiet von Maou werden Weiß-, Rot- und Roséweine produziert (▶ S. 20).

der Besucher dann doch nicht, ob es Nicos so ganz ernst damit meint.
Den Paraportianó gibt es als Weißwein, Rotwein und Rosé, die Weinstöcke liegen in Maou, einer Region in der Nähe von Áno Merá. Geplant ist, sie in Zukunft für Besucher zu öffnen.
www.mykonos-wines.gr

AKTIVITÄTEN
Bus statt Auto
Während eines Urlaubs auf Mykonos möchte man möglicherweise nicht nur am Strand liegen, sondern auch unterwegs sein und etwas sehen. Doch muss es unbedingt der Mietwagen sein? Denn die 87 qkm große Insel ist verkehrstechnisch längst an ihre Grenzen gestoßen, die Parkplatzsituation in den kleinen Inseldörfchen mit ihren schmalen Gassen eine Katastrophe, und trotzdem werden immer mehr Leihwagen angeboten. Als umweltschonende Alternative bietet sich auf Mykonos der Linienbus an. Es fahren die typischen griechischen Überlandbusse, von morgens bis abends durchgehend. Bushaltestellen befinden sich am Fábrika-Platz sowie in der Odós Polikandrióti nahe des Fährhafens. Von hier fahren die Busse in alle Himmelsrichtungen ab (▶ S. 57). Die Fahrpläne hängen aus, wobei die Zeitangaben oft nur ungefähr sind. Die Busse sind zwar oftmals überfüllt, doch kommt man hier schnell mit Einheimischen ins Gespräch – ein weiterer Vorteil des öffentlichen Nahverkehrs. Zudem sind die Tickets, erhältlich in Minimarkets, Tabakläden und Touristenshops, wirklich günstig: Eine Fahrt kostet zwischen 1,70 € und 2 €. Tel. 2 28 90/2 33 60 • www.ktel mykonos.gr

Einkaufen
Mykonos gilt als Einkaufsparadies, aber alles hat seinen Preis. So manches Geschäft in der Chorá hat sein Angebot vor allem auf hochwertige Luxusgüter und Designerware ausgerichtet.

◂ Schicke Geschäfte und lange Öffnungszeiten verleiten zu ausgiebigen Einkaufstouren in Mykonos-Stadt (▶ S. 36).

Mykonos bietet hervorragende Einkaufsmöglichkeiten, das Angebot an hochpreisigen und edlen Geschenkartikeln ist hier – bedingt durch das allgemein höhere Preisniveau und die vielen Tagesgäste der Kreuzfahrtschiffe – besonders groß. Die Geschäfte haben während der Saison von Mai bis Oktober täglich durchgehend von ca. zehn Uhr vormittags bis zehn oder elf Uhr abends geöffnet, manchmal sogar noch länger. Im September, wenn die Zahl der Gäste allmählich abnimmt, verkaufen viele Geschäfte und Boutiquen ihre Waren mit zum Teil beträchtlichen Rabatten. Da viele Geschäfte in den Wintermonaten geschlossen sind, findet ein regelrechter Schlussverkauf statt, um die Lager für die nächste Saison zu räumen.

Antike Motive

Wie überall in Griechenland gibt es auf Mykonos ein umfangreiches Angebot an **Gold- und Silberschmuck**. Die Zahl der Geschäfte im Gassengewirr der Chóra ist groß, und die Schmuckstücke sind aufgrund der niedrigeren Herstellungskosten vergleichsweise günstig. Für die exklusiven Designs aus dem Hause Lalaounis, einem der bekanntesten Juweliere Griechenlands mit Filialen in Paris, London und New York, trifft dies allerdings nicht zu. Äußerst beliebt und typisch griechisch sind Schmuckstücke mit Motiven, die Personen oder Ereignisse aus der griechischen Geschichte und Mythologie darstellen. Sehr oft findet man Arbeiten, bei denen die berühmten Funde von Delos, die dort im Original besichtigt werden können, als Vorbild dienten. Häufig findet man auch kleine, meist weiße Figuren, wie sie die kykladische Kunst vor mehreren Jahrtausenden hervorbrachte. Ob bei Uhren, wertvollen Steinen oder 22-karätigen Goldarbeiten, den Preisen sind nach oben kaum Grenzen gesetzt. Die meisten Juweliere und Schmuckgeschäfte findet man in der Gasse Matogiánni und den parallelen Gässchen, die vom Mavrogénous-Platz abzweigen. Zahlreiche weitere Schmuckgeschäfte sind über die ganze Altstadt verteilt.

Exklusive Designer-Stücke

Kaum ein Markenname internationaler Provenienz, ob Armani, Benetton oder Calvin Klein, Lacoste, Versace, Vivienne Westwood oder Moschino, der in Mykonos-Stadt nicht vertreten wäre. Die zahlreichen **Boutiquen** der Chóra führen neben den exklusiven Kollektionen der bekannten Designerlabel Markenjeans, extravagante Sommerkleidung sowie Strandtücher oder preiswerte T-Shirts. Fast jedes Jahr eröffnen neue Boutiquen in Mykonos-Stadt, die die neueste internationale Mode aus Mailand, London und Paris präsentieren. Doch viele schließen ebenso schnell wieder, wenn sie den Geschmack der etwas verwöhnten Kundschaft nicht getroffen haben. Natürlich fehlen auch besondere, auf die Gay-Szene zugeschnittene Geschäfte nicht, die manch ausgefallenes Stück »an den Mann bringen« möchten. Im Laden von Michael Rabia, einem Geschäft, das übrigens schon seit 1948 geöffnet ist, kann man handgearbeitete Sandalen aus Mykonos erstehen – durchaus in schickem Design. Mittlerweile werden diese Sandalen in alle Welt verschickt und können online bestellt werden (www.mykonos-sandals.gr). Zu den bedeutendsten Kunstgegenständen der griechischen Kultur gehören antike **Ikonen**, Heiligendarstellungen, deren Ausfuhr allerdings streng verboten ist. Das umfangreiche Angebot an Kopien reicht von industriell hergestellten, bedruckten Bildtafeln bis hin zu aufwendig handgemalten Kopien alter Meisterwerke. Diese zeitintensive Handarbeit hat natürlich auch ihren Preis. Solche nach traditioneller Methode gefertigten Ikonen finden Sie z.B. im Atelier Apokalypse in der Nähe der Ágios Nikólaos Kirche. Der Künstler Merkoúris Dimópoulos freut sich über Besucher, die ihm bei seiner Arbeit über die Schulter schauen.

Windmühlen bevorzugt

Wer sich weniger für sakrale Kunst als für einfache kunstgewerbliche Produkte interessiert, wird bestimmt in den Verkaufsräumen von Hermes und Scala fündig. Neben der sonst üblichen Massenware bieten diese beiden Geschäfte künstlerisch sehr ansprechende Keramikerzeugnisse an. Besonders hübsch sind die **Skulpturen**, die von verschiedenen Inseln und vom griechischen Festland stammen. Man findet sie in den vielen Ateliers der Inselhauptstadt, wo Künstler ihre Gemälde zeigen. Bevorzugtes Motiv vieler Maler und ihrer Käufer sind die klassischen Windmühlen; doch auch moderne Kunst ist zu haben.

In Mykonos-Stadt gibt es diverse **Antiquitätengeschäfte**, die ihre Stücke im Wesentlichen an die örtlichen Villenbesitzer verkaufen. Bitte beachten Sie beim Kauf, dass die Ausfuhr von echten Antiquitäten in Griechenland verboten ist, Nachbildungen sind davon selbstverständlich ausgenommen. Es empfiehlt sich allerdings, eine entsprechende Bescheinigung des Händlers mitzuführen, um möglichen Problemen mit den Zollbehörden vorzubeugen. Auch wer sich für **Lederwaren** interessiert, wird auf Mykonos fündig werden. Vom Lederminirock über Westen aus feinem Kalbsleder bis hin zu Taschen und Geldbeuteln reicht das Angebot.

Ein besonderes Mitbringsel aus Griechenland stellen die »kombolóia« dar: kleine **Gebetsketten**, die einst eine ähnliche Funktion wie der hier zu Lande verwendete Rosenkranz erfüllten. Im griechischen Alltag haben sie ihren ursprünglichen religiösen Sinn in den meisten Fällen längst eingebüßt. Kombolóia werden in unterschiedlichsten Formen und Farben angeboten, aus Stein, Holz, Kunststoff oder Glas.

Die Herstellung von **Textilien**, vor allem von traditionellen Webarbeiten, war einst ein wichtiger Erwerbszweig auf der Insel. Heute gibt es nur noch wenige mykoniotische Frauen, die diese Kunst beherrschen. Die geschmackvollen, im Stil meist zeitlos gehaltenen Produkte wie handgewebte Schals und andere Kleidungsstücke kann man in mehreren Geschäften der Chóra erwerben, am besten in den Stadtteilen Kástro und Venetía. Relativ günstig zu haben ist **Töpferware**. Einfache, oft farbenfroh bemalte Teller, Tassen und Schüsseln sind beliebte Souvenirs. Doch auch kunsthandwerklich anspruchsvolle und entsprechend hochpreisige Töpferware ist in den Geschäften der Chóra zu finden.

Urlaubsatmosphäre für zu Hause

Wer etwas Urlaubsatmosphäre mit nach Hause nehmen möchte, findet in den Musikgeschäften von Mykonos **griechische Musik** auf MC oder CD. Das Angebot reicht von **Folklore** bis hin zu **orthodoxen Gesängen**. Eine hübsche Erinnerung an den Urlaub sind auch frische oder getrocknete Kräuter und **Gewürze**, die für viele typisch griechische Speisen verwendet werden, z. B. Salbei, Thymian oder Oregano. Ein weiterer essenzieller Bestandteil vieler Gerichte ist das echte kalt gepresste **Olivenöl**, das – in Flaschen abgefüllt – überall erhältlich ist.

Inseltypische kulinarische Spezialitäten sind »kopanistí«, ein scharfer Kuhmilchkäse, und das auf Mykonos hergestellte Marzipan – eine Köstlichkeit für Leckermäuler, wie sie beispielsweise das Feinschmeckergeschäft Pantopolíon in der Kalógera 24 anbietet. Hier wird auch der ökologisch angebaute Wein Paraportianó verkauft, den es als Weißwein, Rosé und Rotwein gibt. Und wer sich angesichts der teils üppigen Restaurantpreise günstig selbst verpflegen oder einfach nur Lebensmittel zwischendurch kaufen möchte, der findet über die ganze Insel verstreut drei Dutzend meist kleinere Supermärkte, in denen man sich mit Waren für den täglichen Bedarf versorgen kann. Diverse Kioske sorgen außerdem für kühle Getränke und Eis.

Empfehlenswerte Geschäfte und Märkte finden Sie bei den Orten im Kapitel
▶ **Unterwegs auf Mykonos.**

In Mykonos-Stadt (▶ S. 36) gibt es viele Ateliers, in denen einheimische und internationale Künstler ihre Werke mit Motiven der Insel präsentieren.

Feste und Events
Fast alle Feste gehen auf religiöse Traditionen zurück. Eine Ausnahme bildet der Óchi-Tag, ein griechischer Nationalfeiertag, der die Erinnerung an den Einmarsch der Italiener 1940 wachhält.

Feste und Events

◀ Lebendige Bräuche: Am Karfreitag tragen noch heute viele Frauen die traditionelle griechische Festtagstracht.

JANUAR
Neujahrstag

Zum Jahreswechsel gibt es einen Neujahrskuchen, in den eine Geldmünze eingebacken ist. Wer die Münze in seinem Stück findet, soll ein glückliches Jahr vor sich haben.
1. Januar

Epiphanias

Am Dreikönigstag wird an die Taufe Christi erinnert. Nach einer feierlichen Prozession zum Hafen wirft der Priester ein Kreuz ins Meer, dem Jugendliche durch einen Sprung ins Wasser nachtauchen.
6. Januar

FEBRUAR
Karneval

Am letzten Wochenende vor der Fastenzeit feiert man mit Musik, Tanz und originellen Verkleidungen.

MÄRZ
Nationalfeiertag

Feiern zur Befreiung von der Osmanischen Herrschaft im Jahr 1821.
25. März

Fastenzeit

Am ersten Samstag der Fastenzeit wird eine Marien-Ikone in einer feierlichen Prozession aus dem Tourlianí-Kloster in Áno Merá in die örtliche Kirche getragen.

APRIL
Ostern

Am Abend des Karfreitag findet eine feierliche Prozession durch die Gassen der Chóra statt, bei der Christus symbolisch zu Grabe getragen wird. Am Ostersonntag wird vor der Kathedrale eine Puppe verbrannt, die den Verräter Judas darstellen soll.

MAI/JUNI
Tag der Arbeit

An diesem Tag flechten die Mykoniotinnen Blumenkränze, die die Häuser bis zum 24. Juni schmücken. Dann, am Tag des hl. Johannes, werden sie in einem großen Sonnwendfeuer verbrannt.
1. Mai

Pfingstmontag

Der 50. Tag nach der Auferstehung Christi markiert das Ende der Osterzeit.

> **WUSSTEN SIE, DASS...**
>
> ...fast jede Familie auf der Insel ihre eigene kleine Kapelle hat, die einem bestimmten Heiligen gewidmet ist? Am Vortag des Patronats lädt man Freunde zu einem großen Fest ein.

AUGUST
Mariä Entschlafung

In ganz Griechenland gedenkt man der Muttergottes mit einem großen Fest. Da viele Kirchen Maria geweiht sind, wird das Fest vielerorts auf Mykonos gefeiert. Das größte findet in Áno Merá statt.
15. August

OKTOBER
Nationalfeiertag

Der Óchi-Tag erinnert an die Proteste gegen den Einmarsch der Italiener im Jahr 1940.
28. Oktober

Sport und Strände
Mit kristallklarem Wasser und goldgelbem Sand können sich die Kykladen der schönsten Strände der Ägäis rühmen. Der zum Teil starke Wind fordert auch anspruchsvolle Windsurfer heraus.

Sport und Strände 29

◄ Noch geht es hier ruhig zu, doch ab nachmittags ist am Super Paradise Beach (▶ S. 31, 69) Party angesagt.

Sport spielt sich auf Mykonos, wie nicht anders zu erwarten, hauptsächlich auf dem, unter oder im Wasser ab. Kein Wunder, zählen die zahlreichen Strände des Eilands doch zu den schönsten Griechenlands und das Wasser zu den saubersten Gewässern Europas.

Surfer schätzen Mykonos wegen des zuverlässig wehenden Windes: Anfänger können ihre ersten Erfahrungen auf dem Brett sammeln, aber auch Profis kommen auf ihre Kosten. Schnorchler und Taucher kennen die Vorzüge der Gewässer rings um die Insel ebenfalls: Bei Sichttiefen bis zu 40 m im kristallklaren Wasser lässt sich das abwechslungsreiche Terrain der Unterwasserwelt hervorragend erkunden.

An den großen Stränden besteht zudem die Möglichkeit, Wasserski oder Jet-Ski zu fahren, zu segeln oder sich ein Kanu auszuleihen. Eine Fahrt mit dem Bananenboot kostet etwa 15 €, eine Viertelstunde auf dem Jet-Ski 30 € und eine halbe Stunde mit einem der dröhnenden Speedboats immerhin 70 €.

Alle Strände sind in Griechenland grundsätzlich frei zugänglich, ohne dass, wie beispielsweise in Italien oft üblich, eine Gebühr erhoben werden darf. Die regelmäßige Reinigung des Strandes findet allerdings meist nur dort statt, wo auch Sonnenschirme und Liegestühle vermietet werden oder wo sich Hotels in direkter Strandnähe befinden.

Aktivitäten wie Wandern, Mountainbiking oder Radfahren gehören auf Mykonos zu den kaum praktizierten Sportarten, da die entsprechende Infrastruktur fehlt.

REITEN

Ausritte über die Insel für Anfänger und Fortgeschrittene organisiert

Horseland
▶ Familientipps, S. 33

TAUCHEN

Wer bereits Taucher ist oder es schon immer werden wollte, findet rings um Mykonos ideale Voraussetzungen für diesen Sport. Mykonos gilt als das beste Unterwasserrevier der Ägäis. Die Tauchschulen haben sowohl kurze Schnupperkurse im flachen Wasser als auch eine ein- oder zweiwöchige Ausbildung mit anerkannter Abschlussprüfung (CMAS, PADI, NAUI, YMCA) im Programm. Die Sicht reicht im kristallklaren Wasser bis zu 40 m tief. Erfahrene Taucher können an nächtlichen Tauchgängen oder beim Wracktauchen teilnehmen. Die Bedingungen für Unterwasseraufnahmen sind sehr gut. Tauchmöglichkeiten bietet u. a. der Mykonos Diving Club (Tel./Fax 2 28 90/2 65 39; www.diveadventures.gr und www.divemykonos.gr) und das Mykonos Diving Center, beide am Paradise Beach (▶ MERIAN-Tipp, S. 30).

TENNIS

Einige größere Hotels verfügen über einen eigenen Tennisplatz, zum Teil sogar mit Flutlicht.

WANDERN

Mykonos ist wie die meisten Kykladeninseln aufgrund der recht kargen Landschaft für Wanderfreunde nicht besonders attraktiv. Eine loh-

MERIAN-Tipp

MYKONOS DIVING CENTER
▸ S. 119, E 11

Bei Theódoros Goudís, dem Leiter des Mykonos Diving Center, sind Tauchfreunde bestens aufgehoben. Das 1978 gegründete Tauchcenter kann auf jahrzehntelange Erfahrung zurückgreifen und ist Anlaufstelle für Anfänger und Fortgeschrittene. Zum Angebot der Tauchschule gehören Tauchgänge für Einzelpersonen (80 € pro Tag mit zwei Tauchgängen, 10 Tauchgänge für 350 €), Wrack- und Höhlentauchen, Schnupperkurse in flachem Wasser für ca. 20 € sowie Schnorchelkurse für 45 €. Für Gruppen ab 4 Personen gibt es spezielle Angebote.
Paradise Beach • Tel. 2 28 90/2 48 08 • www.dive.gr

nenswerte Wanderung führt von **Ágios Stéfanos** zum Leuchtturm am **Kap Armenistís** im Nordwesten der Insel. Ágios Stéfanos ist von Mykonos-Stadt mit dem Bus zu erreichen. Von dort geht es vorbei an der Bucht Houlákia hoch in die Berge bis zum Leuchtturm. Über den Gebirgskamm mit seiner herrlichen Aussicht wandert man hinunter nach Toúrlos, wo erneut eine Busverbindung zurück nach Mykonos-Stadt besteht. Für kleinere Spaziergänge eignen sich die ruhigeren Strände wie Pánormos und Fteliá. Die Strände im Osten der Insel sind hingegen nur eingeschränkt empfehlenswert, da sie nicht wirklich gut zu erreichen sind und auch kaum Einkehrmöglichkeiten bestehen.

WASSERSKI

Einige Wassersportzentren wie z. B. in Platís Gialós bieten die Möglichkeit, Wasserski zu fahren. 10 Minuten reine Fahrzeit kosten 30 €.

WINDSURFEN

Eine der besten Adressen für Surfer ist wohl der Sandstrand von Kalafáti. An der dortigen Station von Pezi Huber (▸ S. 33) kann man die nötige Ausrüstung leihen und an Kursen teilnehmen (www.sunandfun.de). Während der Meltémi-Wind in den Morgenstunden üblicherweise noch nicht so stark weht, kann dieser mittags durchaus Windstärke 6 bis 8 erreichen. Die absoluten Könner suchen bei entsprechenden Windverhältnissen gern die noch völlig unbebaute Bucht von Fteliá an der Nordküste auf, einen idealen »wavespot« der Insel.

WUSSTEN SIE, DASS...

... Mykonos eine der windreichsten Inseln im Mittelmeer ist? Der zuweilen heftig blasende Meltémi, wie er hier genannt wird, weht an mindestens 200 Tagen im Jahr – die Surfer freut's, die Badefreude weniger.

STRÄNDE

An schönen Stränden fehlt es auf Mykonos wahrlich nicht. Immer wieder werden einige von ihnen von der Europäischen Union mit der »Blauen Flagge« ausgezeichnet, eine Bestätigung für besonders gute Wasserqualität. Die Strände im Südwesten der Insel sind sicherlich die schönsten des gesamten Eilands, jedoch auch die am stärksten frequentierten. Ruhiger ist es an den Stränden im Südosten der Insel, die allerdings auch etwas schwieriger zu erreichen sind. Ausführlichere Beschreibungen der einzelnen Strände finden Sie im Kapitel »Unterwegs auf Mykonos«. Hier eine Auswahl besonders reizvoller Strände:

Fokós ▸ S. 116, C 6

Hübscher und ruhiger, im Nordosten der Insel gelegener Strand mit Taverne. Der Sand ist hier etwas grobkörnig, die blühenden Sträucher im Frühling dafür umso lohnenswerter.

Kalafáti ▸ S. 120, C 13

Weit entfernt von Mykonos-Stadt und dem allgemeinen Strandtrubel ist man an diesem etwa 600 m langen Strand. In Strandlage befinden sich einige empfehlenswerte, aber teure Restaurants. Vor allem Surffreaks kommen hier voll auf ihre Kosten, das notwendige Material kann am Strand ausgeliehen werden.

Pánormos ▸ S. 115, E 3

Wenn nicht gerade der heftige Nordwind bläst, stellt dieser etwas schwer erreichbare Strand an der Nordküste eine gute Alternative zu den voll belegten Stränden im Süden dar.

Paradise ▸ S. 119, E 11

Der Name des Strandes steht für viele als Synonym für die Insel selbst. »Dancing, drinking, party« scheinen die meistverwendeten Vokabeln der ausgelassenen Gästeschar zu sein.

Super Paradise ▸ S. 119, F 11

Die Gay-Szene ist zum Super Paradise Beach weitergezogen. Nacktbadende sonnen sich am westlichen Ende des Strandes.

Dem Meltémi sei Dank: Windsurfer finden an vielen Stränden der Insel beste Voraussetzungen für ihren Sport – wie hier an der Ostküste.

Familientipps
Für Familien mit Kindern verheißt die Insel klassischen Strandurlaub mit Baden und Buddeln im Sand. Reitausflüge und Go-Kart-Fahren bieten weiteres Urlaubsvergnügen.

◂ An den sanft abfallenden Stränden von Mykonos haben Kinder ihren Spaß. Und Baden ist hier auch gefahrlos möglich.

Baden

Mykonos ist eine Badeinsel erster Ordnung, von daher ohne Zweifel für Familien mit Kindern eine gute Wahl. Vor allem die Strände an der Südküste der Insel sind für Kids bestens geeignet: Sie gehen meist flach ins Wasser, sodass auch die Kleineren unbeschwert plantschen können. Der feine Sand und das fast überall sehr saubere Wasser laden zum Buddeln und Spielen ein – und wenn sich dann noch einige Spielkameraden finden, steht dem gelungenen Familienurlaub nichts im Wege. Nur wenn der unangenehm heftige Nordostwind aufzieht, der manchmal tagelang andauert, ist es mit dem Badevergnügen vorbei, und der Sand am Strand wirkt wie Schmirgelpapier. Viele Hotelanlagen verfügen jedoch über großzügige Swimmingpools, zum Teil mit eigenen Kinderbecken, sodass niemand auf Erfrischung im kühlen Nass verzichten muss. Speziell auf Kinder ausgerichtete Freizeitvergnügen sind auf Mykonos Mangelware – sieht man von den verschwenderisch vorhandenen natürlichen Bedingungen einmal ab.

Horseland ▸ S. 116, A 8

Für Kinder mit Reiterfahrung lockt Horseland zu Reitausflügen über die Insel. Die angebotene Palette reicht von einstündigen Ausritten rund um Áno Merá bis zu halbtägigen Ausflügen mit Badestopp am Fokós Beach oder am Mersini Beach. Über ausreichende Erfahrung sollten alle Teilnehmer allerdings verfügen.

Áno Merá • Tel. 0 69 57/40 78 75 • www.horseland.gr • Touren ab 50 € pro Person

Raceland ▸ S. 120, A 14

Ganz in der Nähe an der Straße zwischen Áno Merá und Eliá Beach können sich etwas ältere Kids im Raceland mit Karts vergnügen.
Áno Merá, Eliá Beach • Tel. 69 42/63 32 24 • www.racelandmykonos.com • tgl. 10–3 Uhr

Watermania ▸ S. 120, A 14

Die einzige, auch auf Kinder ausgerichtete Anlage der Insel, ist Watermania oberhalb des Strandes Eliá. Der Wasserpark verfügt über mehrere, zum Teil riesige Rutschbahnen, über zahlreiche Badelandschaften und Liegewiesen. Die Anlage ist von Mitte April bis Mitte Oktober geöffnet, Busverbindungen gibt es täglich vom Busterminal an der Odós Xénias in Mykonos-Stadt.
Áno Merá, Eliá Beach • www.watermania.gr • tgl. Mitte April–Mitte Okt.

Windsurf Center Mykonos
▸ S. 120, C 13

Alle, die sich im Surfen ausprobieren wollen, sind im Windsurf Center Mykonos bei Pezi Huber bestens aufgehoben. Hier gibt es ein Trainingsareal für Surfanfänger, wo man erste Erfahrungen sammeln kann, aber auch ausreichende Möglichkeiten für Fortgeschrittene. Entsprechendes Material kann ausgeliehen oder gekauft werden.
Kalafáti Beach • Tel. 2 28 90/7 23 45 • www.pezi-huber.com

👪 Weitere Familientipps sind durch dieses Symbol gekennzeichnet.

Wo könnte man einen Tag am Strand schöner ausklingen lassen als in einem der netten Restaurants in »Klein-Venedig« (▶ S. 40) in Mykonos-Stadt?

Unterwegs
auf Mykonos

Die Schönheit der Inselhauptstadt und der Traumstrände an der Südküste sind augenfällig. Doch auch weniger bekannte Winkel der Insel haben ihren Zauber.

Mykonos-Stadt
Die Chóra ist attraktiv und exzentrisch zugleich, für viele Gäste ist es eine Liebe auf den ersten Blick. Die Inselhauptstadt kommt im Sommer kaum zur Ruhe, auch nachts herrscht lebendiges Treiben.

◂ Als Wahrzeichen von Mykonos gelten die insgesamt fünf historischen Windmühlen (▸ S. 42) oberhalb der Stadt.

Mykonos-Stadt ▸ S. 118, C 9

6500 Einwohner
Stadtplan ▸ S. 39

Blendend weiße, würfelförmige Häuser, verschlungene Gassen, völlig frei von störendem Autoverkehr – vor allem Ästheten geraten leicht ins Schwärmen, wenn die Sprache auf Mykonos-Stadt kommt. Die berühmte Architektur der Kykladeninseln ist hier in einer Reinheit bewahrt wie sonst nirgendwo in Griechenland. In der leuchtenden Silhouette der Inselhauptstadt aus schlichten, aber anmutigen zweistöckigen Bauten setzen nur die bunt gestrichenen Balkone und Fensterläden passend und gekonnt Akzente. Bei aller Einheitlichkeit im Stil sind es die kleinen Winkel und Ecken, die Verzierungen der Schornsteine und der individuelle, farbenprächtige Blumenschmuck, die immer wieder neue Eindrücke bieten. Streng wacht die Verwaltung der Insel darüber, dass diese architektonische Geschlossenheit nicht durch unschöne Neubauten zerstört wird – für Griechenlandkenner eine ebenso wohltuende Überraschung wie die autofreien Straßen der Chóra.

Mykonos hat sich äußerlich wie auch in seinem Rhythmus ganz auf die Besucher aus aller Welt eingestellt: Restaurants, Geschäfte, Bars – während der Saison von Anfang Mai bis Ende Oktober sind Ruhetage undenkbar, denn von morgens bis in die späte Nacht tut man alles, um die Wünsche der Gäste zu erfüllen und um Geschäfte zu machen. So kommt die Stadt eigentlich nie zur Ruhe, sie lädt ein zum Bummeln an der Hafenpromenade oder zum Einkaufen in einem der unzähligen kleinen Läden und Boutiquen; sie verführt zum süßen Nichtstun in einer der Bars in »Klein-Venedig« und lässt für viele die Nacht zum Tag werden. Auf Mykonos gibt es wahrhaft unzählige Möglichkeiten, aus dem angebotenen 24-Stunden-Programm einen individuellen Tagesablauf zusammenzustellen.

Die Vergangenheit von Mykonos-Stadt oder Chóra wurde nicht von spektakulären Ereignissen geprägt, die in die offizielle Geschichtsschreibung Eingang gefunden hätten. Eine Festung im Nordwesten der Chóra, dort, wo sich heute die berühmte Kirche Paraportianí erhebt, bildete bis in das 17. Jh. hinein den Kern der Stadt. Erst mit anwachsender Bevölkerungszahl wurde der Festungsgürtel allmählich zu eng, und die Häuser begannen sich nach allen Seiten auszudehnen, ein Wachstum, das sogar heute noch anhält.

SEHENSWERTES

Altstadtgassen 3 ▸ S. 39, b 4/5

Die autofreien Altstadtgassen der Chóra erlauben ungestörtes Bummeln und Flanieren, und das zu jeder Tages- und Nachtzeit. In den Sommermonaten bahnen sich lediglich die kleinen dreirädrigen Versorgungsfahrzeuge ihren Weg durch die Stadt. Vor allem in den Vierteln rund um den Hafen bestimmen Geschäfte, Bars und Restaurants das Geschehen. Immer wieder entdeckt man neue Winkel, hübsche Cafés oder versteckte Ladenlokale. Konsum und Ästhetik sind in den Altstadtgassen der Chóra eine gelungene Verbindung eingegangen. Die Gassen konnten ihren Charme aus vergangenen Jahrhunderten erstaunlich gut bewahren. Steigt man etwas weiter hoch Richtung Amphitheater oder Áno Míli, nimmt der Betrieb auf den Straßen ab. An manchen Stellen begegnet man nur noch wenigen Touristen.

Hafen ▸ S. 39, b 3

Traditionell bildet der Hafen das Herz jeder Inselhauptstadt, so auch in Mykonos-Stadt. Tavernen und Cafés, Geschäfte und Boutiquen nehmen einen großen Teil der Häuser am Hafenrund ein. Die breite Promenade davor lockt Touristen und Einheimische gleichermaßen

> **WUSSTEN SIE, DASS …**
>
> … das berühmteste Tier der Insel ein Pelikan ist – mittlerweile zum Inselmaskottchen erklärt? Den Erben des Ur-Petros begegnet man immer wieder in den Gassen der Stadt oder auf dem Fischmarkt.

zum gemütlichen Flanieren, auch wenn Touristen während der Sommermonate deutlich in der Überzahl sind. Die Bewohner der Insel trifft man hier am ehesten in den frühen Morgenstunden, wenn die Fischer zurückkehren und auf den steinernen Tischen am Hafen ihren Fang darbieten. Dann fachsimpeln Restaurantbesitzer und Hausfrauen gleichermaßen über die Qualität der Fische, dann lässt sich noch am ehesten ein Stück griechischen Alltagslebens wahrnehmen.

Während im mittleren Teil des Hafens bunte Fischerboote und private Jachten ankern, ist die westliche Mole den Schiffen nach Delos vorbehalten, die von hier aus jeden Vormittag die nicht weit entfernten Ausgrabungsstätten ansteuern. An der großen östlichen Mole legen die Fährschiffe aus Athen und von den anderen griechischen Inseln an. Der kleine Sandstrand Agía Ánna im Südteil des Hafenrunds dient manchen für ein kurzes Sonnenbad vor Abfahrt des nächsten Schiffes, zum Baden bietet die Insel weitaus geeignetere Strände.

Kástro (Burgviertel) ▸ S. 39, a 3

Das Burgviertel zählt vermutlich zu den ältesten besiedelten Plätzen der Insel, wie jüngste archäologische Grabungen ergeben haben. Die kleine Burg, die sich einst hier befand, wurde von den Venezianern im 13. Jh. errichtet. Erstmals erwähnt wurde sie im Jahr 1420 auf der Karte eines Florentiner Geistlichen. Der Ort war gut gewählt, schützten doch Klippen und heftige Nordwinde vor ungebetenen Gästen. Darüber hinaus sorgte ein Süßwasserbrunnen für die Versorgung mit Trinkwasser. Die Festung, die seinerzeit eine Fläche von ca. 80 mal 90 m bedeckte, bestand aus einer ummauerten Siedlung, in der die Außenmauern der Häuser die Funktion einer Festungsmauer übernahmen. Die Mauer war zusätzlich mit Türmen gesichert. Von der eigentlichen Festungsanlage

Mykonos-Stadt

MERIAN-Tipp

KAROLINA – AUSSTEIGERIN UND MALERIN ▶ S. 39, b 3

Jeder auf Mykonos kennt sie, und auch den Stammgästen der Insel – von denen es nicht wenige gibt – ist sie vertraut: Karolina, eigentlich Amerikanerin, hat am Hafen ihren Stammplatz. Ihren Lebensunterhalt verdient die Malerin, die vor über 40 Jahren auf die Insel kam und seinerzeit bei dem österreichischen Expressionisten Oskar Kokoschka studierte, mit dem Verkauf ihrer Bilder. Ihre Inspiration erhält Karolina aus ihrer direkten Umgebung: Windmühlen, Hafen, Boote und Fischer. Die Gemälde, die Sehnsucht nach vergangenen Zeiten auszudrücken scheinen, schmücken zahlreiche Villen der Insel. Sogar Berühmtheiten wie der Geiger Yehudi Menuhin sollen zu Karolinas Kunden gehört haben.
http://karolinasmykonos.com

ist kaum noch etwas erhalten. Nur die Kirche Paraportianí erinnert in ihrem Namen an deren Existenz.

An der Platía Agía Moní gibt es mehrere Kirchen, von denen die **Agía Eléni** die wohl interessanteste darstellt. Die zweischiffige, von einem Gewölbe überspannte große Basilika bildete bis 1878 die Hauptkirche der Insel. Die holzgeschnitzte Ikonostase und ihre Ikonen aus dem 17. und 18. Jh. lohnen einen Blick in die Kirche. Die Alte Schule östlich davon hat der in Ägypten lebende Mykoniote Márkos Mávros gestiftet. Sie wurde nach Plänen eines bayerischen Ingenieurs namens Weiler 1858 erbaut und bis 1934 ihrem ursprünglichen Zweck entsprechend genutzt.

Panagía Paraportianí ▶ S. 39, a 3

Dieser eigenwillige Kirchenbau liegt im alten Kástro-Viertel im Norden der Stadt. Die Kirche besteht aus fünf ineinander verschachtelten Kirchen bzw. Kapellen, von denen vier im Erdgeschoss liegen – Ágii Anáriri, Ágios Efsthátios, Ágios Sóson und Agía Anastasía –, während die namensgebende Kirche Paraportianí darüber thront. Der Name erinnert daran, dass sie sich in der Nähe eines kleinen Tores (»Parapórti«) der einstigen Festungsanlage befand. Die meist verschlossenen Gotteshäuser bieten im Inneren kaum Interessantes. Es ist die über mehrere Jahrhunderte gewachsene asymmetrische Formgebung, es sind die vielfältigen Rundungen, Bögen und Abstufungen, die das Interesse der Besucher auf sich ziehen. Vermutlich wurde die Kirche zwischen dem 15. und 20. Jh. in verschiedenen Abschnitten errichtet, doch können Teile durchaus älteren Datums sein. Von einem kleinen Plateau gleich neben der Kirche bietet sich die schönste Perspektive auf die sakrale Anlage.

Venetía-Viertel (»Klein-Venedig«) ▶ S. 39, a 4

Ein wenig vom morbiden Charme Venedigs verbreitet jene Häuserreihe, die dem sich südlich an das Kástro-Viertel anschließenden Venetía-Viertel seinen Namen gegeben hat: Farbig bemalte Balkone und hölzerne Erker kleben an weißen Hauswänden direkt über dem Wasser. Die Wellen nagen immer wieder an

Mauern und hölzernen Stützpfeilern und fordern ihren Tribut – wie auch in der weltberühmten Lagunenstadt. Kein Wunder, dass diese für Griechenland ungewöhnliche, an das italienische Erbe erinnernde Architektur eine Vielzahl von Postkarten schmückt. Die Häuser aus dem 17. und 18. Jh. besaßen Tore zum Meer hin, sodass Kapitäne – aber auch Piraten – ihre Waren einfach von den Booten in die Häuser transportieren konnten. Heute sind in vielen Häusern Bars und Geschäfte untergebracht. Wer »in« sein will, verabredet sich hier zu einem Cocktail bei Sonnenuntergang und genießt die entspannte Atmosphäre.

Alefkándra-Viertel ▸ S. 39, a 4

Unmerklich geht das Venetía-Viertel in das Alefkándra-Viertel über, in dem abends ebenfalls geschäftiges Treiben herrscht. Kleine Läden, Cafés und Bars bestimmen auch hier das Bild, und auch hier säumen Kapitänshäuser aus dem 17. und 18. Jh. die Küste. Das Viertel reicht bis zu einem kleinen Sandstrand unterhalb der fünf Windmühlen. Etwas zurückversetzt erhebt sich die orthodoxe Bischofskirche der Insel, Panagía Theotókos Pigadiótissa, die ihrem »Rang« entsprechend äußerst reichhaltig ausgestattet ist. Gleich daneben steht die einzige römisch-katholische Kirche der Insel, erbaut im Jahr 1688. Sie ist der Muttergottes geweiht und trägt den Namen Rosario (Unsere Dame des Heiligen Rosenkranzes). Bei einem Brand 1991 wurden Teile des Altars zerstört, darunter auch das kostbare, aus Venedig stammende Altarbild der Muttergottes aus dem Jahr 1715, das jedoch restauriert werden konnte. Während der Sommermonate finden hier auch Gottesdienste statt.

Ein einzigartiges architektonisches Ensemble bildet die Panagía Paraportianí (▸ S. 40). Sie wurde als fünfte Kirche über vier älteren Vorgängerbauten errichtet.

Im Zita-Saal des Archäologischen Museums (▶ S. 42) in Mykonos-Stadt sind verschiedene Grabstelen der Nekropole von Rhénia aus hellenistischer Zeit zu sehen.

Windmühlen ▶ S. 39, a 5

Die fünf Windmühlen oberhalb des Alefkándra-Viertels werden als Káto Míli bezeichnet, Untere Windmühlen. Sie sind als Turmmühlen mit Segelflügeln konstruiert. Die Mühlen gehören untrennbar zum Panorama der Stadt und sind mittlerweile so etwas wie ein Wahrzeichen der Insel, auch wenn sie nicht mehr zum Mahlen von Getreide genutzt werden. Über ein Dutzend solcher Windmühlen soll es einst auf Mykonos gegeben haben, die aufgrund des starken Windes sogar Getreide von anderen Inseln verarbeiteten. Deshalb war es damals auch verboten, Häuser in der Nähe der Windmühlen zu errichten, die den Wind beeinträchtigen könnten. Im Stadtgebiet gibt es noch weitere Windmühlen, wie z. B. Boni's Windmühle, ein kleines landwirtschaftliches Freilichtmuseum (▶ S. 44) sowie einige neue Bauten.

MUSEEN
Archäologisches Museum
▶ S. 39, c 2

In diesem neoklassizistischen Gebäude aus den Anfängen des 20. Jh. erhält der Besucher einen Einblick in die frühe Vergangenheit der Region. Die meisten Exponate stammen von der nicht weit entfernten Insel Rhénia, da auf Mykonos selbst nur wenige bedeutende Funde gemacht wurden. Auch die Ausgrabungsgegenstände von Rhénia sind eigentlich der historisch bedeutsameren Insel Delos zuzurechnen: Dort fand im Jahr 426 v. Chr. die zweite sogenannte Katharsis statt, ein religiös begründeter Reinigungsprozess, bei dem alle Gräber von der Insel entfernt und nach Rhénia gebracht wurden. Seit jener Zeit waren Bestattungen auf Delos verboten, und es durften auch keine Kinder mehr geboren werden.

Rundgang

Gleich im Eingangsbereich hinter der Kasse steht man dem imposanten Torso des Herakles gegenüber, der – zwar ohne Kopf – anhand der Keule und des Löwenfells gut zu erkennen ist. Im selben Saal befindet sich eine Skulptur Aphrodites, der griechischen Göttin der Liebe. Der anschließende Saal enthält das Prunkstück des Museums, eine **tönerne, knapp 1,50 m große Amphore** aus der ersten Hälfte des 7. Jh. v. Chr., die vermutlich aus einer bedeutenden Werkstatt auf Tinos stammt. Sie wurde 1962 in Mykonos-Stadt bei den Tría Pigádia-Brunnen entdeckt. Die noch erhaltenen Teile der Abbildung zeigen Szenen des Trojanischen Krieges. Am Hals der Amphore ist das berühmte hölzerne Pferd dargestellt, mit dem die Griechen – so der Mythos – durch eine List Zugang nach Troja fanden und dadurch die Stadt erobern konnten. Zu erkennen sind die Räder, auf denen das Pferd gerollt wurde, und sieben quadratische Öffnungen im oberen Teil des Pferdes, hinter denen Köpfe von Kriegern zu sehen sind. Einige bewaffnete Krieger haben das Versteck bereits zum Kampf verlassen. Die darunterliegenden Reliefs sind in einzelne Szenen aufgeteilt und zeigen die Grausamkeit des Krieges: Soldaten ermorden hilflose Kinder, Frauen flehen Kämpfer um Gnade an, und selbst Blutvergießen ist zu sehen.

In den Vitrinen dieses Saales sind zahlreiche **Gefäße unterschiedlicher Werkstätten** ausgestellt, zum Teil verziert mit orientalisierenden Elementen, göttlichen Gestalten wie Zeus oder Hermes sowie Vögeln und anderen Tieren. Die Funde in Saal B, rechts von der Eingangshalle, reichen bis in das 9. Jh. v. Chr. zurück. Häufig sind sie ornamental mit Kreisen, Wellenlinien und Rhomben reich verziert oder mit figürlichen Darstellungen wie Tiermotiven, Fabelwesen und menschlichen Gestalten versehen. Unter der Nummer B 685 verdient ein Gefäß Beachtung, das die freundlich dreinblickende Büste eines jungen Mädchens mit großen Augen schmückt. Die Exponate im Saal dahinter stammen teilweise von Mykonos selbst und reichen bis in die protokykladische Zeit (3. Jahrtausend v. Chr.) zurück. Darunter sind zahlreiche **Werke der Kleinkunst** aus Glas und Alabaster sowie Schmuckstücke und Eisensicheln. Die fein gearbeiteten Gefäße aus Marmor (5. Jh.) stammen ursprünglich aus Paros (Vitrine 16). Gleich daneben (Vitrine 15) entdeckt man die Statuette einer Wölfin, die der Legende nach einst Romulus und Remus säugte. Auffallend auch die **kleine Skulptur des ägyptischen Gottes Horus** (von den Griechen als Harpokrates hellenisiert), der auf einem überdimensionalen Phallus reitet.

Einige weitere schöne Stücke findet man in Saal E links der Eingangshalle. Es handelt sich dabei um sogenannte »**schwarzfigurige**« **Gefäße** attischer Herkunft aus archaischer und klassischer Zeit. Die schwarzen Figuren auf rotem Ton stellen Szenen von Wettkämpfen und kriegerischen Auseinandersetzungen dar (Vitrine 37), fein gezeichnete Pferdeköpfe (Vitrine 35), Heldentaten des Herakles (Vitrine 35) oder den Mythos des Odysseus (Vitrine 40).

Das Museum besitzt auch einige schöne Exemplare der sogenannten

»**rotfigurigen**« Technik. Im Gegensatz zu den »schwarzfigurigen« Gefäßen ist der glänzend schwarze Untergrund mit fein gemalten roten Figuren bedeckt. Gleich vorne am Eingang ziehen drei Vasen mit Hochzeitsszenen die Aufmerksamkeit auf sich, die auf Gräbern von Jungfrauen entdeckt wurden (1. Hälfte 5. Jh.). Die Bildmotive zeigen Hochzeitsvorbereitungen, tanzende junge Frauen, die von einer Lyraspielerin begleitet werden, und das Überreichen der Hochzeitsgeschenke. Sehr schön auch die Darstellung einer sitzenden Braut (Vitrine 39), von interessanten geometrischen Bändern eingerahmt. Im letzten Saal schließlich sind hauptsächlich **Stelen** ausgestellt, die auf den Kykladen als Grabsteine dienten. Sie zeigen ineinander verschlungene Hände als Zeichen des Abschieds der Lebenden von den Toten und sind häufig mit giebel- oder bogenförmigen Elementen und Säulen verziert.

Ag. Stefanou • Di–So 8.30–15 Uhr • Eintritt 2 € • Beschriftungen in Griechisch und Englisch

Boni's Windmühle (Landwirtschaftliches Museum) ▸ S. 39, c 3

Im Mittelpunkt des kleinen landwirtschaftlichen Freilichtmuseums steht eine große Windmühle aus dem 16. Jh., die noch heute betriebsbereit ist. Zum Museum gehört eine Sammlung landwirtschaftlicher Geräte und Maschinen; es gibt einen Dreschplatz zur Verarbeitung des Getreides, eine Weinpresse, einen Wassertank, ein Taubenhaus, das alte Wohnhaus des Müllers und zwei kleine Zwillingskapellen. Alljährlich findet hier im September ein Weinfest statt, bei dem Trauben mit bloßen Füßen zerstampft werden und

Mit seiner authentischen Möblierung lässt das Haus der Léna (▸ S. 45), im Bild das Schlafzimmer, die Zeit des 19. Jahrhunderts auf Mykonos wiederaufleben.

nach alter Sitte zubereitetes Brot gebacken wird. Von hier oben genießt man einen schönen Blick auf die Stadt.
Ag. Ioánnou, Áno Míli (Obere Mühlen) • Juni–Sept. tgl. 16–20 Uhr • Eintritt frei

Haus der Léna ▸ S. 39, b 4

Unmittelbar neben dem Seefahrtsmuseum befindet sich das Haus der Léna, das Teil des Volkskundlichen Museums ist. Das knapp 300 Jahre alte Haus vererbte der Besitzer, ein vermögender Reeder, 1970 der Stadt Mykonos. Darin lebte von 1884 bis 1970 eine unverheiratete Frau namens Lena (Eléni), die dem winzigen Museum den Namen gab. Erhalten blieben vor allem Einrichtungsgegenstände, Schmuck und Geschirr ihrer Eltern, die von einem gewissen Wohlstand zeugen und einen guten Einblick in die bürgerliche Lebenswelt des 19. Jh. geben. Der Salon ist mit historischen Möbeln, Teppichen und Spiegeln ausgestattet, es gibt einen dreifüßigen Ofen und – vermutlich eine Seltenheit zu damaliger Zeit – ein steinernes Bidet. Im Garten ist außerdem ein Taubenhaus erhalten.
Énoplon Dynámeon (Dreibrunnenplatz) • tgl. außer So von April–Okt. 18.30–21.30 Uhr • Eintritt 2 €

Seefahrtsmuseum ▸ S. 39, b 4

Das kleine Navtikó Mousío, in einem ehemaligen Kapitänshaus am Dreibrunnenplatz untergebracht, wurde 1985 von dem aus Mykonos stammenden Reeder Drakópoulos gegründet. Die ausgestellten Exponate reichen bis in die vorminoische Zeit zurück und enden mit dem beginnenden 20. Jh. Alte Landkarten, Manuskripte und Stiche beleuchten verschiedene Epochen, zahlreiche nautische Instrumente und detailreich gestaltete Modelle geben einen Einblick in die Geschichte der ägäischen Seefahrt und ihre Bedeutung für die Insel Mykonos. Eine Sammlung seltener Münzen mit Abbildungen aus dem Bereich der Seefahrt umfasst den Zeitraum vom 5. vorchristlichen Jh. bis zum 5. Jh. n. Chr. Auch der grüne Hinterhof mit seinen Palmen und Olivenbäumen dient als Ausstellungsfläche. Nachbildungen von Grabstelen aus Mykonos und Delos berichten in Wort und Bild vom Schicksal ertrunkener Seeleute. Reste von Schiffswracks – Steuerräder, Taue und Anker – erinnern an Tragödien auf hoher See. Sogar die Spitze eines echten Leuchtturms ist im Garten aufgebaut: Das Signal wurde 1890 am Kap Armenistís errichtet, nachdem dort ein britisches Dampfschiff gesunken war. Der alte Leuchtturm war bis 1983 in Betrieb, bevor er von einer moderneren Anlage ersetzt wurde.
Énoplon Dynámeon (Dreibrunnenplatz) • tgl. 10.30–13 und 18.30–21 Uhr • Eintritt 2 €

Volkskundliches Museum
▸ S. 39, a 3

Die 1958 ins Leben gerufene volkskundliche Sammlung ist in einem alten Kapitänshaus im ehemaligen Burgviertel der Stadt untergebracht. Das Museum mit seinen sechs Räumen zeigt das Alltagsleben der Inselbewohner im 18. und 19. Jh. Im ersten Raum sind mehrere Lithographien ausgestellt, daneben zahllose Teller sowie Puppen in historischer Kleidung. Stolz ist man auch auf die Sammlung alter Schlösser und

Schlüssel. Eine originalgetreu eingerichtete Küche mit Hausrat bildet den Schwerpunkt des Museums. Neben Keramiken sind auch zahlreiche Stickereien und Webarbeiten ausgestellt, für die Mykonos einst berühmt war. Im Keller des Museums gibt es eine Abteilung, die sich mit der Seefahrt beschäftigt: Hier kann man Schiffskanonen, mehrere Schiffsmodelle, einige Originalteile sowie Karten und Bilder von Schiffen bewundern.
Platía Agía Moní • tgl. 17.30–20.30 Uhr (So nicht immer geöffnet) • Eintritt 2 €

SPAZIERGANG
Durch die Gassen der Altstadt 3

Der erste Weg eines jeden Besuchers führt in das labyrinthische Gassengewirr der Altstadt, und fast jeder erlebt das Gleiche: Irgendwann weiß man nicht mehr, wo man ist. Doch keine Sorge, so groß ist die Chóra nicht, und nach einer gewissen Zeit beginnen Sie ein Gefühl für die richtige Orientierung zu entwickeln. Bis es soweit ist, trösten Sie sich damit, immer einen hilfsbereiten Menschen nach dem Weg fragen zu können. Eine andere Möglichkeit, die meistens funktioniert, ist, einfach so lange weiterzugehen, bis Sie wieder am Wasser stehen, denn dort enden automatisch alle Wege.

Der Rundgang startet am südlichen Ende der **Hafenpromenade**. Von der dortigen Platía Mantó Mavrogénous gehen mehrere Gassen in westlicher Richtung ab. In den parallel verlaufenden Sträßchen Mavrogénous, Zouganéli und Matogiánni – der zentralen Flaniermeile der Stadt – reiht sich ein Geschäft an das andere. Juweliere, Modegeschäfte, Boutiquen und Läden für Kunst und Kitsch warten bis in den späten Abend auf Kundschaft. Am Anfang der Matogiánni-Gasse erhebt sich die Kirche Agía Kiriakí, deren Ikonostase und Ikonen einen Besuch wert sind. Folgen Sie der vor allem in den Abendstunden lebhaften Matogiánni, erreichen Sie nach der Kreuzung mit der Gasse Kalógera linker Hand das Kulturzentrum. In den Sommermonaten finden hier Ausstellungen und Theateraufführungen statt. Gleich dahinter folgt ein weiteres Gotteshaus, die Kirche **Panachroú**.

Wenn Sie sich am Ende der Matogiánni rechts halten, stehen Sie nach wenigen Schritten vor dem **Haus der Léna**. In drei original eingerichteten Räumen wird dort die Wohnkultur vergangener Jahrhunderte lebendig. Direkt daneben bietet das **Seefahrtsmuseum** Interessierten anhand von Modellen, Karten und Dokumenten einen Einblick in Alltag und Geschichte der Seefahrt.

Der Spaziergang führt weiter bis zur Gasse Mitropóleos. Unweit der Kreuzung lohnt eine noch traditionell arbeitende Bäckerei einen Abstecher in die kleine Gasse Efthímios. Von der Mitropóleos zweigt auch die Meleotopoúlou ab, in der das im Sommer geöffnete **Kino Cine Mantó** liegt (Filme zumeist in Originalsprache). Der kleinen Gasse Gerasímou folgend erreichen Sie bald wieder die Uferpromenade.
Dauer: 20 Minuten (ohne Museumsbesuch)

Entlang des Ufers
Ausgangspunkt des Spaziergangs ist der Hafen, an dem sich auch ein großer kostenloser Parkplatz befindet.

Wer sich in den Altstadtgassen (▶ S. 37, 46) von Mykonos zwischen weiß gekalkten Häusern, Kirchlein und Mauern verliert, entdeckt überall verzauberte Winkel.

In der Nähe des Jachthafens ist das **Archäologische Museum** untergebracht. Wer sich für die frühe Geschichte der Region interessiert, findet hier vor allem Ausgrabungsstücke der nahen Insel Rhénia, aber auch einige auf Mykonos gefundene Schätze. Die Zahl der Exponate ist überschaubar, länger als eine halbe Stunde verweilen nur wenige Besucher. Vorbei an dem kleinen Strand Agía Ánna, der aufgrund seiner Lage am Hafenbecken zum Baden kaum geeignet ist, erreichen Sie die **Platía Mantó Mavrogénous**, einen der größten Plätze der Innenstadt. Die Platía ist nach der berühmten mykoniotischen Nationalheldin benannt, die 1822 den Freiheitskampf gegen die türkischen Besatzer organisiert hat. Weiter geht es auf einer breiten Promenade im alten Teil des Hafens. Die zahlreichen Cafés, Bars und Tavernen laden dazu ein, das rege Treiben der an- und abfahrenden Schiffe, Flaneure und Einheimischen zu beobachten. Hier im alten Hafen legen auch die farbenfrohen Fischerboote an, um ihren frischen Fang frühmorgens zu verkaufen. Zu dieser Zeit gehört die Stadt noch den Mykonioten: Nach dem Einkauf lässt man sich gern zu einem Kaffee und einer Plauderei nieder. Um diese Zeit besteht auch die Möglichkeit, Pétros, dem Pelikan, oder einem seiner Artgenossen zu begegnen.

Vorbei an der kleinen Kirche Ágios Nikólaos, dem hl. Nikolaus, Schutzpatron der Seeleute, gewidmet, passieren Sie das **Rathaus**, welches Ende des 18. Jh. von einem russischen Konsul errichtet wurde. Es ist das einzige Haus der Stadt, das ein rotes Ziegeldach trägt. Sie erreichen nun das älteste Viertel der Stadt, das Burgviertel (»**Kástro**«). Von den Festungsanlagen, die die Venezianer im 13. Jh. errichten ließen, sind jedoch nur noch spärliche Überreste vorhanden. Versetzt hinter dem Rathaus erscheint die nüchterne Fassade der ersten Schule von Mykonos, die im Jahr 1858 als Stiftung eines wohlhabenden Mykonioten ihre Pforten öffnete und bis in die 30er-Jahre des letzten Jahrhunderts als Schulgebäude diente. Hier wurde vor Kurzem mit der Ausgrabung einer prähistorischen Siedlung begonnen: Bestätigung dafür, dass dieses Fleckchen der Insel schon früh als Wohnstätte genutzt wurde. In unmittelbarer Nähe der alten Schule erstreckt sich eine lange Mole ins Meer. Von hier starten täglich – soweit es das Wetter erlaubt – die kleinen Boote zur Nachbarinsel Delos. Einen Besuch dieser zum Weltkulturerbe erklärten historischen Stätte sollten Sie nicht versäumen. Nur wenige Schritte entfernt liegt das **Volkskundliche Museum** in einem Kapitänshaus aus dem 18. Jh. Ausgestellt sind Lithographien, Hausrat und Kleidungsstücke aus vergangenen Jahrhunderten.

Daneben erhebt sich mit der Kirche **Panagía Paraportianí** eines der beliebtesten Motive der Insel überhaupt. Eigentlich besteht die Anlage aus fünf ineinander verschachtelten Kirchen und Kapellen. Die weiße, asymmetrische Fassadengestaltung fordert nicht nur Fotografen heraus; sie ziert viele Postkarten und Gemälde von Mykonos.

Unmittelbar an das Kástro-Viertel schließt sich das **Venetía-Viertel** an, aufgrund seiner malerischen Balkons und Erker zum Wasser hin auch »Klein-Venedig« genannt. Im weiteren Verlauf des Spaziergangs erreichen Sie das **Alefkándra-Viertel**, zu dem auch ein kleiner Sandstrand gehört. Zusammen mit »Klein-Venedig« ist Alefkándra einer der beliebtesten Orte für einen abendlichen Drink bei Sonnenuntergang.

Hinter dem Sandstrand liegen, etwas zurückversetzt, die orthodoxe Bischofskirche der Stadt, Panagía Theotókos Pigadiótissa, und die römisch-katholische Kirche Panagía Rosario. Hoch oben auf der Anhöhe, über Stufen erreichbar, grüßen die Wahrzeichen der Insel, einige der erhalten gebliebenen **Windmühlen**.

Dauer: 30 Minuten (ohne Museumsbesuch)

ÜBERNACHTEN

Belvedere ▶ S. 39, c 5

Schöne Aussicht • Da das Hotel oberhalb der Altstadt liegt, genießt man von hier aus einen traumhaften Blick über die Stadt und das Meer. Für die Einrichtung und Gestaltung der Zimmer wurden hauptsächlich

natürliche Materialien wie Holz und Stein verwendet. Großer Poolbereich, Fitnessraum, Jacuzzi. Das Hotel ist vor allem bei Athenern, die es sich leisten können, beliebt, das Preisniveau entsprechend hoch. So kostet das Frühstück etwa 20 €.
An der Umgehungsstraße Ag. Ioánnou • Tel. 2 28 90/2 51 22 • www.belvederehotel.com • eigener Parkplatz • ganzjährig geöffnet • 43 Zimmer • ♿ • €€€€

Semeli ▶ S. 39, c 5

Edel und modern • Wer modernes und elegantes Ambiente liebt, wird sich im Semeli wohlfühlen: freundliche Atmosphäre, individuell ausgestattete Suiten, zum Teil auf zwei Ebenen. Von vielen Pflanzen eingerahmter Swimmingpool.
Láka • Tel. 2 28 90/2 74 66 • www.semelihotel-mykonos.com • ganzjährig geöffnet • 60 Zimmer • €€€€

Carbonáki ▶ S. 39, b 4

Gut besucht • Hübsch gestaltetes, vor allem bei deutschen Gästen wegen seiner ungezwungenen Atmosphäre beliebtes, kleines Hotel. Unweit des Amphitheaters, es sind nur wenige Schritte bis ins Zentrum, und doch ist das Hotel ruhig gelegen. Ein kleiner Swimmingpool sorgt für Abkühlung.
Panachrántou 23 • Tel. 2 28 90/2 41 24 • www.carbonaki.gr • 21 Zimmer • €€€

Élena ▶ S. 39, c 5

Traditionsreiches Haus • Das Élena zählt viele Stammgäste, die die familiäre Atmosphäre des einfach eingerichteten Hotels schätzen. Ruhige Lage im oberen Teil der Altstadt, gleich neben dem Amphitheater. Von der oleandergesäumten Terrasse hat man einen schönen Blick über die Stadt.

Einen schönen Blick auf die fünf Windmühlen und das Meer genießt man von den Restaurantterrassen des Venetía-Viertels (▶ S. 48) in Mykonos-Stadt.

Rochári • Tel. 2 28 90/2 41 12 • www.elena-hotel.gr • ganzjährig geöffnet • 30 Zimmer • €€€

Elysium ▸ S. 39, c 6
Beliebtes Gay-Hotel • Komfortables Hotel oberhalb der Kunstakademie. Herrlicher Panorama-Blick über Stadt und Meer. Großer Pool, Fitnesscenter, Jacuzzi, Sauna, gut ausgestattete Standard-Zimmer, Deluxe-Zimmer sogar mit Internetanschluss und Webcam. Am Abend gelegentlich Travestieshows.
Kunstakademie • Tel. 2 28 90/ 2 39 52 • www.elysiumhotel.com • 42 Zimmer • €€€

Poseidon ▸ S. 39, südl. b 6
Hotel mit Meerblick • Am oberen Stadtrand der Altstadt an der Straße nach Ornós, zehn Minuten zu Fuß ins Zentrum. Panoramablick über die Stadt und das Meer, großer Swimmingpool. Schöne, helle Zimmer, einige mit Aussicht auf die berühmten Windmühlen und die Insel Delos.
Vida • Tel. 2 28 90/2 24 37 oder 2 44 41-2 • www.poseidonhotel-mykonos.com • 58 Zimmer • €€€

Rochári ▸ S. 39, b 5
Mit Altstadtblick • Traditionsreiches, häufig ausgebuchtes Hotel im oberen Teil der Altstadt. Sehr schöne Aussicht auf die umliegenden Häuser, netter Pool, großer eigener Parkplatz. Unbedingt rechtzeitig reservieren.
Tel. 2 28 90/2 31 07 • www.rochari. com • 60 Zimmer • €€€

Philíppi ▸ S. 39, b 4
Zentral gelegen • Familiäres Hotel mitten in der Altstadt. Einige Zimmer verfügen über einen Balkon mit Blick auf den kleinen Garten.
Kalógera 25 • Tel. 2 28 90/2 22 94 • 13 Zimmer • €€€–€€

Zorzís ▸ S. 39, b 4
Klein und ruhig • Imposantes Gebäude aus dem 16. Jh. im Herzen der Chóra. Die Zimmer sind luxuriös und geschmackvoll mit Antiquitäten eingerichtet.
Kalógera 30 • Tel. 2 28 90/2 21 67 oder 2 41 68 • www.zorzishotel.com • 10 Zimmer • €€€–€€

ESSEN UND TRINKEN

Katrin's ▸ S. 39, b 4
Für Feinschmecker • Das versteckt im Gassengewirr hinter der Hafenpromenade liegende Restaurant gilt nicht nur auf Mykonos als ausgezeichnetes Restaurant, sondern sogar in ganz Griechenland. Die »Nouvelle Cuisine« Frankreichs und die griechische Küche sind hier eine gelungene und edle Verbindung eingegangen. Erste Adresse für Gourmets. Reservierung dringend erforderlich.
Nördlich der Kirche Ag. Kiriakí • Tel. 2 28 90/2 21 69 • nur abends geöffnet • €€€€

Philíppi ▸ S. 39, b 4
Vornehm und exklusiv • Eines der Spitzenrestaurants der Insel mit entsprechend finanzkräftigem Publikum, darunter viele Griechen. Hübscher, von Pflanzen eingerahmter Garten, hervorragende internationale und griechische Küche. Reservierung empfehlenswert.
Kalógera • Tel. 2 28 90/2 33 82 • nur abends geöffnet • €€€€

Barbarossa Mykonos Restaurant
▸ grüner reisen, S. 19

Mykonos-Stadt

Chez Maria ▶ S. 39, b 4
Französisch und griechisch • Mitten im Zentrum und doch ruhig speist man hier im großen, baumbestandenen Garten. Neben der gängigen griechischen Küche werden auch internationale Gerichte angeboten. Unbedingt probieren sollten Sie die Pasta mit frischen Meeresfrüchten.
Kalógera 30 • Tel. 2 28 90/2 75 65 • ab mittags geöffnet • €€€

Eva's Garden ▶ S. 39, b 4
Speisen im Garten • Eine kleine, von Blumen und Sträuchern eingerahmte Oase stellt der Garten des Restaurants dar, wo man mitten in der Altstadt ungestört und stilvoll essen kann. Vor allem Freunde französischer Küche kommen hier auf ihre Kosten, ob bei Chateaubriand, Muscheln oder den köstlichen Crêpes zum Dessert.
Kalógera 47 • Tel. 2 28 90/2 21 60 • ab mittags geöffnet • €€€

Sale & Pepe ▶ S. 39, b 5
Feine italienische Küche • Einer der besten Italiener der Stadt lockt mit selbst gemachter Pasta und anderen italienischen Köstlichkeiten. Nur relativ wenige Plätze, Reservierung empfohlen.
Platía Lákka • Tel. 2 28 90/2 42 07 • nur abends geöffnet • €€€

Alefkándra ▶ S. 39, a 4
Klein-Venedig pur • Die Lage des großen Restaurants zwischen den Windmühlen und Klein-Venedig unmittelbar am Wasser könnte kaum besser sein. Von hier genießt man einen unvergleichlichen Ausblick auf den Sonnenuntergang. Gute griechische Küche.
Alefkándra • Tel. 2 28 90/2 24 50 • €€

Da kann einem schon das Wasser im Mund zusammenlaufen: Angestellte des Fischrestaurants Kounélas (▶ S. 52) präsentieren frische Hummer vom Holzkohlengrill.

Bárkía ▸ S. 39, a 3
Pizza und Pasta • Wer Lust auf Nudeln und Pizza hat, findet im italienischen Restaurant Bárkía eine große Auswahl. Einige wenige Plätze direkt an der Gasse, weitere Tische auf dem Dachgarten.
Georgoúli, westlich des Rathauses • Tel. 2 28 90/2 25 63 • ab mittags geöffnet • €€

Kounélas ▸ S. 39, b 3
Fisch vom Grill • Bereits seit Jahren etabliertes Fischrestaurant in einer kleinen Gasse gleich hinter der Hafenpromenade beim Rathaus. Während der Fisch auf dem Holzkohlengrill brutzelt, genießt man die Ruhe im beschaulichen kleinen Garten nebenan. Dank der sympathischen Inhaber des kleinen Familienbetriebs fühlt man sich hier schnell rundum wohl.
Hinter dem Rathaus • Tel. 2 28 90/2 82 20 • ab mittags geöffnet • €€

Lotus ▸ S. 39, b 4
Klein, aber fein • Liebevoll geführtes Restaurant mit einigen wenigen Tischen im Inneren und ein paar Plätzen draußen unter einem herrlichen weinberankten Dach. Internationale und griechische Küche, beides seit Jahren von gleichbleibend guter Qualität. Auch Cocktails werden hier fachmännisch zubereitet. Ganzjährig geöffnet, im Winter mit Feuer im Kamin.
Matogiánni • Tel. 2 28 90/2 28 81 • ab mittags geöffnet • €€

Mamacas ▸ S. 39, b 4
Speisen unter Palmen • Die »Niederlassung« eines bekannten Athener Restaurants hat auch auf Mykonos schnell Bekanntheit erlangt. Untergebracht in einer alten Stadtvilla, gehört der Garten des Restaurants mit seinen mächtigen Palmen zu den schönsten der Insel.
Mando's • Tel. 2 28 90/2 61 20 • ab mittags geöffnet • €€

Nikos Tavern ▸ S. 39, a 3
Beliebte Taverne • Nur wenige Schritte vom Rathaus entfernt. Da wundert es nicht, dass man hier am Abend manchmal nur schwer einen freien Tisch bekommt. Deshalb lieber reservieren! Der Service ist flink, das Essen gut und vergleichsweise günstig. Umfangreiche Speisekarte, vorwiegend griechische Küche von Souvláki bis Moussaká. Hier wird auch der Inselwein angeboten, Paraportianó, ein ordentlicher Hauswein.
Unterhalb der Platía Agía Moní • Tel. 2 28 90/2 43 20 • ab mittags geöffnet • €€

Ta Koupiá ▸ S. 39, a 3
Ruhig gelegen • Taverne unweit des Rathauses und des stark frequentierten Restaurants Nikos. Die griechische Küche ist ähnlich gut wie dort und auch der Service sehr freundlich.
Agía Moní • Tel. 2 28 90/2 28 66 • ab mittags geöffnet • €€

Kasárma ▸ S. 39, b 3
Gut und preiswert • Bereits am Morgen versammeln sich hier die ersten Gäste, um einen Kaffee zu trinken und die Atmosphäre der Hafenpromenade auf sich wirken zu lassen. Das Essen ist günstig und gut: Probieren Sie einmal die kleinen, frisch frittierten Sardinen, mit Zitrone beträufelt und Weißbrot serviert sind sie eine leckere Mahlzeit. Köst-

lich ist auch der griechische Salat mit kretischem Olivenöl.
Hafenpromenade • ab morgens geöffnet • €

Madoúpas ▶ S. 39, b 3
Für zwischendurch • Café direkt am Hafen, in dem man frühstücken oder auch nur eine Erfrischung zu sich nehmen kann. Einfache griechische Gerichte.
Hafenpromenade • Tel. 2 28 90/ 2 22 24 • ab morgens geöffnet • €

EINKAUFEN

Die Mode der bekannten Designerlabel wird in fast allen Modegeschäften und Boutiquen der Chóra angeboten.

Apokalypse ▶ S. 39, b 4
Traditionelle handgearbeitete Ikonenmalerei erwartet Sie im Studio von Merkoúris Dimópoulos in der Nähe der Kirche Agía Kiriakí. Der Künstler erkärt interessierten Besuchern gern seine Arbeit.
Ag. Vlássis, parallel zur Hafenpromenade

Bougainvillia Art Gallery
▶ S. 39, a 4
Werke mykoniotischer Künstler; die Qualität liegt deutlich über dem sonst Angebotenen.
Venetía

Delos Dolphins ▶ S. 39, b 4
Handgefertigte Gold- und Silberarbeiten, darunter viele Kopien bekannter Museumsstücke, z. B. mit Darstellungen Alexanders des Großen, Herkules oder mit Meandros, dem Symbol für langes Leben.
Matogiánni & Enóplon Dynámeon • www.loukas.com

Efthímiou ▶ S. 39, b 4
Köstliche Süßigkeiten aus eigener Herstellung. Die Pralinen sollte man unbedingt einmal probieren.
Zouganéli

Edle Kreationen vom Schmuckdesigner: Lalaoúnis-Shop (▶ S. 54) auf Mykonos.

Hermes ▶ S. 39, b 4
Galerie mit ausgesuchten Werken griechischer Künstler. Darunter handgearbeitete feine Glasobjekte, schöne Skulpturen aus unterschiedlichsten Materialien, Gemälde, Schmuck, geschmackvolle Teller und zahlreiche Kopien antiker Museumsexponate.
Gouménio

Il Mago ▶ S. 39, a 4
2003 neu eröffnete winzige Boutique für Damen- und Herrenbekleidung sowie Accessoires. Die meisten Kollektionsstücke stammen aus Asien.
Venetía

MERIAN-Tipp

GALERIE SCALA ▶ S. 39, b 4
Mehr als die üblichen Souvenirs bietet Scala: geschmackvolles, aber auch witziges und ausgefallenes Kunsthandwerk, darunter viele Schalen, Teller, Skulpturen, Gemälde, Schmuck und Keramik. Das vom Ladenbesitzer Dimítris Roussounélos selbst geschriebene Kochbuch über Mykonos – leider nur auf Griechisch – ist hier ebenfalls zu haben.
Matogiánni 48 • www.scalagallery.gr

Jella's Shop ▶ S. 39, b 4
Ausgefallenes und Schickes für Frauen aus Seide, Baumwolle und Strick, dazu werden auch passende Hausschuhe angeboten.
Nikíou 3

Lalaoúnis ▶ S. 39, c 3
Bereits Ende der 1960er-Jahre eröffnete der weltbekannte Juwelier und Schmuckdesigner eine Filiale auf Mykonos. Edle, klassischen Vorbildern nachempfundene Schmuckstücke, häufig mit Diamanten und Edelsteinen besetzt.
Polikandrióti, östlich der Platía Mavrogénous • www.lalaounis.gr

Lalique ▶ S. 39, b 4
René Lalique, Art-Nouveau-Künstler aus Frankreich, ist Kennern längst ein Begriff. Alle Objekte – Figuren, Tiere, Gläser, Schalen – sind handgemachte Kristallarbeiten. Moderne Formen haben den Jugendstil abgelöst.
Matogiánni

Mykonos Records ▶ S. 39, b 4
Dank der großen Auswahl an CDs von griechischen Interpreten kann man sich etwas griechische Kultur mit nach Hause nehmen.
Mitropóleos 16

Nikolétta
▶ grüner reisen, S. 20

Pandopoleion
▶ grüner reisen, S. 20

Rousounélos ▶ S. 39, b 4
Das Geschäft von Edel-Juwelier Theódoros Rousounélos führt ein exklusives Schmuckangebot und Uhren bekannter internationaler Luxusmarken.
Matogiánni • www.mykonos-rousounelos.com

Spicy ▶ S. 39, b 4
Dekorative handgearbeitete Schalen, Tische und Spiegel.
Mermeléha 4

The Studio ▶ S. 39, b 4
Farbenfrohe Gemälde und Mosaikarbeiten der beiden Künstler Richard James North und der aus Deutschland stammenden Monika Derpapas stehen im Mittelpunkt der Galerie. Daneben Werke des kanadischen Künstlers Brian Piccini.
Panachrántou 11 • www.artistsofmykonos.com

To Apodosidi Tou Filippi
▶ grüner reisen, S. 20

The Workshop ▶ S. 39, b 5
Chrístos Xenitídis bietet in seinem Schmuckgeschäft eine gute Auswahl preiswerter Schmuckstücke an. Die Werkstatt übernimmt aber auch

Auftragsarbeiten und führt kleinere Reparaturen aus.
Panáhra 12 und Georgoúli 34

AM ABEND 7

Anchor Bar ▶ S. 39, b 4
Beliebter Szenetreff mit abwechslungsreicher Musik von gängigen Pop-Hits aus den Charts bis hin zu Funk und Soulmusik.
Matogiánni • 20–ca. 3 Uhr

Bar Uno ▶ S. 39, b 4
Seit Jahren beliebte Bar im Zentrum der Stadt. Klein, daher fast immer entsprechend voll, was aber die Gäste nicht zu stören scheint. Getanzt wird zu internationalen Hits.
Matogiánni 42 • 19–ca. 3 Uhr

Ikarus ▶ S. 39, b 4
Direkt neben dem berühmten Pierro's gelegen. Wegen der spätabendlichen Travestieshows ist das Ikarus vor allem bei Gays beliebt. Schöne Dachterrasse.
Matogiánni • 20–3 Uhr

Jacht-Club ▶ S. 39, b 2
Hier ist Party rund um die Uhr angesagt: Der Club in der Nähe des Fähranlegers hat 24 Stunden geöffnet. Zu jeder Tages- und Nachtzeit gibt's hier etwas zu essen. Gern besucht vor allem in den frühen Morgenstunden, wenn die anderen Bars bereits geschlossen haben.
Direkt am Fähranleger • 0–24 Uhr

Kástro ▶ S. 39, a 4
Klassische Bar direkt am Wasser. In ruhiger, gediegener Atmosphäre treffen sich Gays und Heteros zum Sonnenuntergang oder auch am späteren Abend. Manchmal klassische Musik. Bekannt für seine Champagner-Cocktails.
Venetía • 18–2 Uhr

Ein beliebter Platz, um auf Mykonos mit einem guten Cocktail den Sonnenuntergang zu genießen, ist die Terrasse der Bar Caprice (▶ MERIAN-Tipp, S. 56).

56 MYKONOS-STADT

> **MERIAN-Tipp**
>
> **»SUNDOWNER« IM CAPRICE**
> ► S. 39, a 4
>
> Allabendlich verwandelt sich das kleine Venetía-Viertel in den wohl romantischsten Teil der Stadt. Den schönsten Blick auf die Windmühlen und die malerische Kulisse der Seemannshäuser hat man von der Bar Caprice. Die Auswahl der angebotenen Cocktails ist riesig; Spezialität des Hauses sind Margaritas und die wunderbar frischen Fruchtcocktails. So können aus einem »Sundowner« auch schnell zwei oder drei werden... Die Stimmung ist locker und ausgelassen, hier lernt man schnell neue Freunde kennen, und sei es auch nur für einen Abend.
> Alefkándra • 18–1 Uhr

Kulturveranstaltungen ► S. 39, c 5

Während der Sommermonate finden im kleinen Amphitheater Konzert-, Theater- und Tanzaufführungen statt. Infos über Handzettel und an den Hotelrezeptionen.
Rochári

Piano Bar ► S. 39, a 4

Gepflegte Atmosphäre dank geschmackvoller Einrichtung und gedämpftem Licht, dazu klassische Musik oder Livemusik am Piano. Wechselnde Ausstellungen heimischer Künstler.
Venetía • 18–2 Uhr

Pierro's ► S. 39, b 4

Pierro's einfach nur als Bar zu bezeichnen käme einer Beleidigung gleich: Pierro's ist eine Institution, mehrheitlich von Gays besucht und zentraler nächtlicher Treffpunkt. Richtig los geht's erst nach Mitternacht.
Matogiánni • 17–ca. 3 Uhr

Space ► S. 39, b 5

Seit einiger Zeit die vielleicht coolste und gefragteste Disco der Stadt. House-Musik vom Allerfeinsten bis in die frühen Morgenstunden.
Lákka • 24 Uhr–open end

Veranda ► S. 39, a 4

Schöner Platz, um den abendlichen Sonnenuntergang zu beobachten. Toller Blick aufs Meer und die Windmühlen. Große Auswahl an Cocktails.
Venetía • 18–1 Uhr

SERVICE

AUSFLUGSBOOTE ► S. 39, a 3

Jeden Vormittag außer montags starten zwischen 8.30 und 12 Uhr von der westlichen Mole unweit des Rathauses mehrere Ausflugsboote nach Delos. Die Überfahrt dauert ca. eine halbe Stunde. Das letzte Schiff fährt um 15 Uhr zurück. In den kommerziellen Reisebüros der Stadt kann man auch Ausflüge zu den größeren Nachbarinseln buchen, z.B. nach Tinos, Syros, Paros oder Naxos.

AUSKUNFT ► S. 39, b 2

Eine offizielle Touristeninformation gibt es auf Mykonos nicht. Informationen über Ausflüge, Hotels und andere Unterkünfte erteilen verschiedene kommerzielle Reisebüros in der Stadt. Die Touristenpolizei befindet sich unmittelbar am Hafenanleger.
Tel. 2 28 90/2 24 82

AUTOVERMIETUNG

In der Nähe der beiden Bushaltestellen am Fábrika-Platz und in der Odós Polikandrióti gibt es einige Büros, die Autos und Zweiräder vermieten. Beliebt ist die Autovermietung **Pegasus** (▶ S. 39, b 6). Sie verfügt über einen großen, kostenlosen Parkplatz, auf dem man den Mietwagen für die Dauer des Stadtbummels abstellen kann.
Kreuzung Ag. Ioánnou/Odós Xénias • Tel. 2 28 90/2 37 60 • www.pegasus groupgr.com

BUSSE ▶ S. 39, b 6/c 2

Alle wichtigen Punkte der Insel Mykonos sind gut mit Bussen zu erreichen. Busse in Richtung Ornós, Psaroú, Platís Gialós und Ágios Ioánnis, zum Paradise Beach und nach Paránga starten von der **Bushaltestelle am Fábrika-Platz** am Ende der Odós Xénias. Busse nach Toúrlos und Ágios Stéfanos, nach Áno Merá und zum Eliá-Strand sowie nach Kalafáti starten von der zweiten **Bushaltestelle** im Stadtgebiet **in der Odós Polikandrióti** unweit des Fährhafens, unterhalb des Archäologischen Museums. Die Häufigkeit der Busverbindungen variiert je nach Saison. Die aktuellen Abfahrtszeiten werden auf einer handgeschriebenen Tafel bekannt gegeben. Die Busse verkehren in der Hauptsaison bis ca. 2 Uhr morgens.

INTERNET-CAFÉS
Ángelos ▶ S. 39, a 5

Odós Xénias zwischen Bushaltestelle und Windmühlen. Eine halbe Stunde Surfen kostet 2 €.
M. Axioti • Tel. 2 28 90/2 41 06 •
E-Mail: mycnetcafe@otenet.gr • tgl. ab 10 Uhr

Blu.Blu ▶ S. 39, c 2

Am Hafen, wenige Schritte neben dem Archäologischen Museum in der Odós Ágios Stéfanou.
Tel. 2 28 90/2 87 11 •
E-Mail: cavo@otenet.gr • tgl. ab 9 Uhr

Double Click ▶ S. 39, b 4

Zouganéli 18 • Tel. 2 28 90/2 70 70

POST ▶ S. 39, b 5

Das Postamt befindet sich an der Platía Lákka nördlich des kleinen Amphitheaters.
Mo–Fr 7.30–14, Sa 8.30–14,
So 9–13.30 Uhr

TAXIS ▶ S. 39, b 3/b 6

Der zentrale Taxiplatz liegt an der Platía Mavrogénous in der Nähe der Hafenpromenade. Nachts teilweise etwas längere Wartezeiten. Ein weiterer Taxistand befindet sich am Busterminal am Ende der Odós Xénias.
Tel. 2 28 90/2 24 00 (tagsüber),
2 28 90/2 37 00 (nachts)

ZEITUNGEN UND ZEITSCHRIFTEN
International Press ▶ S. 39, b 4

Der am besten sortierte Zeitungs- und Zeitschriftenladen befindet sich neben der kleinen Kirche Agía Kiriakí. An der Uferpromenade weist ein kleines Schild den Weg.

Ziele in der Umgebung
◎ **Ágios Ioánnis** ▶ S. 118, B 10

Obwohl von Mykonos-Stadt bequem in zehn Autominuten zu erreichen, galt der südwestlichste der Inselstrände bis vor einigen Jahren noch als Geheimtipp. Doch noch immer geht es hier weitaus ruhiger zu als an den berühmten Südstränden der Insel; von der dort häufig

MERIAN-Tipp

APOLLÓNIA RESORT
▶ S. 118, B 10

Am westlichen Ende des Strandes von Ágios Ioánnis oberhalb der kleinen Kapelle am Hang gelegen, erstreckt sich eine der empfehlenswertesten Hotelanlagen der Insel. Hier stimmt einfach alles: Weiß ist die vorherrschende Farbe des Hotels, große weiße Vorhänge wehen überall im Wind, selbst das sehr freundliche Personal ist weiß gekleidet. Ein ruhiges Fleckchen, wo man in familiärer Atmosphäre einen luxuriösen Urlaub verbringen kann. Bucht man vorab bei einem Reiseveranstalter, ist der Preis erschwinglich, das Preis-Leistungs-Verhältnis stimmt. Auch die vorzügliche Küche des Hauses enttäuscht nicht. DVD-Player in allen Zimmern, Meerwasserswimmingpool mit Blick aufs Meer.
Agios Ioánnis • Tel. 2 28 90/2 78 90 • www.apollonia-resort.gr • 36 Zimmer, davon 4 Suiten • €€€€

anzutreffenden Laufsteg-Atmosphäre ist hier kaum etwas zu spüren. Vor allem in der Nebensaison teilt man sich den Strand oft nur mit wenigen anderen Besuchern. Der Sandstrand geht relativ flach ins Wasser über, die nach Norden hin geschützte Lage lässt das Baden auch noch bei mittelstarken Nordwinden zu. Mehrere Hotelanlagen und Tavernen säumen die Bucht, die nach Westen hin von einer kleinen romantischen Kapelle mit einigen Fischerbooten am Kai begrenzt wird. Bis hierher fahren auch die Busse von Mykonos-Stadt. Die Bucht von Ágios Ioánnis ist bekannt für ihre herrlichen Sonnenuntergänge mit Blick auf Delos, ohne Zweifel ein Platz für Romantiker.

Wer von der Kapelle aus über einen unbefestigten Weg noch einige hundert Meter weitergeht, kommt zunächst an der von einer mächtigen Mauer geschützten Privatvilla des griechischen Weinbrand-Herstellers Metaxá und weiteren Villen vorbei. Dahinter liegt der idyllische winzige Sandstrand von Kápari; ein Platz für Individualisten, an dem meistens nackt gebadet wird und den man manchmal sogar für sich allein hat.

5 km südwestl. von Mykonos-Stadt

ÜBERNACHTEN
Manoúla's Beach Hotel
Traumhafter Blick • Da diese terrassenförmig angeordnete Hotelanlage oberhalb der Buchtmitte liegt, ist man von dort in wenigen Schritten am Sandstrand. Ein schöner Swimmingpool mit Bar bildet das Zentrum des Hotels. Über das Meer sieht man hinüber zur Insel Delos. Alle Zimmer verfügen über eine Klimaanlage.
Tel. 2 28 90/2 29 00 • www.hotelmanoulas.gr • 69 Zimmer • €€€

Mykonos Grand Hotel & Resort
▶ grüner reisen, S. 19

ESSEN UND TRINKEN
Taverne Sunset
Direkt am Strand • Mit großer schattiger Terrasse und dem Ambiente einer traditionellen griechischen Taverne. Das Restaurant diente zum Stolz der Besitzer als Drehort für den Film »Shirley Va-

lentine«. Die Küche ist einfach und schmackhaft. Im Haus werden auch einige Zimmer und Apartments vermietet.
Tel. 2 28 90/2 29 01 • €€

◎ **Ágios Stéfanos** ▸ S. 114, B 3

Die windgeschützte, etwa 300 m lange Bucht von Ágios Stéfanos gehört zu den ruhigeren Badebuchten mit flach abfallendem Sandstrand – daher auch für Kinder geeignet. Ein halbes Dutzend einfacher und einladender Restaurants und Bars wie das Mocabo oder Haroúla's schließen direkt an den Sandstrand an. Sowohl tagsüber als auch am Abend geht es hier relativ gemütlich und familiär zu. Die Bucht ist mittlerweile fast vollständig mit Hotels und Villen bebaut; viele Besucher schätzen die stadtnahe Lage bei vergleichsweise entspannter Atmosphäre und moderaten Preisen. Die kleine Ortschaft liegt nur 3 km nordwestlich von Mykonos-Stadt, und doch scheint das Nachtleben der quirligen Hauptstadt hier weit entfernt. Für Nachtschwärmer, die es in die Chóra zieht, gibt es zahlreiche Busverbindungen bis spät in die Nacht und natürlich die recht preiswerten Taxis.
3 km nordwestl. von Mykonos-Stadt

ÜBERNACHTEN
Álkistis

Schöne Aussicht • Terrassenförmig schmiegt sich das Hotel am südlichen Strandende den Hang hinauf. Die meisten Zimmer mit Terrasse oder Balkon bieten einen großartigen Meerblick.
Tel. 2 28 90/2 23 32 • www.alkistis mykonos.gr • 102 Zimmer • €€

◎ **Kap Armenistís** ▸ S. 114, B 2

Der Leuchtturm ganz im abgelegenen Nordwesten von Mykonos zählt

Eine karge Landschaft kennzeichnet das Kap Armenistís (▸ S. 59) mit seinem Leuchtturm im Nordwesten von Mykonos. Von hier reicht der Blick bis zur Insel Tinos.

zu den unwirtlichsten Gebieten der Insel, ist man hier doch ungeschützt dem nahezu kontinuierlich wehenden Nordwind ausgesetzt. Dafür wird man mit einer einzigartigen Aussicht belohnt: Von einer kargen Höhe aus kann man den Blick über die Nachbarinseln schweifen lassen und den Fährverkehr zwischen den Inseln beobachten. Der Leuchtturm ist auch ein geeignetes Ziel für eine kaum anstrengende Rundwanderung von Ágios Stéfanos aus (▶ S. 30).
6 km nordwestl. von Mykonos-Stadt

◎ **Ornós** ▶ S. 118, B 10

Das ehemalige Fischerdorf, heute ein lebhafter Urlaubsort, liegt 3 km südwestlich von Mykonos-Stadt am Übergang zur Diakófti-Halbinsel. Während die nach Norden hin geöffnete Bucht vor allem von Surfern genutzt wird, ist die knapp 350 m lange, etwas grobsandige Bucht im Süden Treffpunkt vieler Badefreunde, die ihren Urlaub in einer der Hotelanlagen ringsum verbringen. Der Sandstrand geht relativ flach ins Wasser. Ornós selbst wirkt angenehm dörflich, in der windgeschützten Bucht ankern sogar mehrere Fischerboote. Im Ort gibt es mehrere Tavernen, Boutiquen, Clubs sowie einen Auto- und Motorradverleih, sodass man nicht auf eine Fahrt in die Stadt angewiesen ist. Durch häufig verkehrende und preiswerte Badeboote besteht eine bequeme Verbindung zu den schönsten Stränden der Südküste.
3 km südl. von Mykonos-Stadt

ÜBERNACHTEN

Santa Marina Resort

Purer Luxus • Das Hotel im Osten der Bucht ist eine Welt für sich, bereits durch seine Lage auf einer

Ein stilvolles Ambiente mit allem Komfort und Meerblick zeichnen die Zimmer und Suiten im Luxushotel Santa Marina Resort (▶ S. 60) in Ornós aus.

kleinen Landzunge nach außen abgeschirmt. Die im kykladischen Stil angelegten Bungalows und Villen haben viele VIPs beherbergt, darunter Oliver Stone und Ira von Fürstenberg. Das Resort verfügt über einen eigenen Schönheitssalon, Sauna, Tennisplätze sowie einen Jachthafen und einen Privatstrand. Vielfach gerühmt wird das Restaurant Daniele's, das feinste Mittelmeerküche bietet.
Tel. 2 28 90/2 32 20 • www.santa-marina.gr • 97 Zimmer und Villen • €€€€

Xidákis

Familiäres Ambiente • In der Nähe der Busstation liegt dieses von den zwei Brüdern Antonis und Státhis geführte Hotel mit seinem netten grünen Innenhof. Einer der beiden Inhaber spricht Deutsch. Die Zimmer sind einfach und ordentlich und verfügen über Terrasse oder Balkon.
Tel. 2 28 90/2 28 13 • 39 Zimmer • €€€

Ornós Beach ♀♀

Für Kinder geeignet • Das Hotel am östlichen Strandende ist vor allem bei Familien beliebt. Gepflegte Gartenanlage mit nettem Pool. Zimmer mit Balkon oder Terrasse.
Tel. 2 28 90/2 32 16 • 28 Zimmer • €€

SERVICE

Täglich fahren Badeboote zu den Stränden Paránga, Paradise, Super Paradise, Agrári und Eliá. Die Abfahrtszeiten stehen auf einer Tafel am Hafen. Jeden Vormittag außer Montag fährt ein Ausflugsschiff zur Insel Delos. Häufige Busverbindungen nach Mykonos-Stadt, während der Hauptsaison auch in der Nacht.

◉ Toúrlos ▶ S. 114, C 3

Toúrlos hat sich im Laufe der Jahre zur bevorzugten Residenz für reiche Großindustrielle entwickelt, die sich hier hinter hohen Mauern prächtige Villen errichten ließen. Für Badeurlauber ist der 2 km nördlich von Mykonos-Stadt gelegene Ort nicht unbedingt geeignet. Der winzige Strand direkt unterhalb der Straße ist aufgrund seiner Hafennähe weniger empfehlenswert. Dafür ist die quirlige Stadt nicht fern, die man zur Not auch zu Fuß oder per Bus erreichen kann. Im neu angelegten Fährhafen ankert fast täglich eines der großen Kreuzfahrtschiffe, was die Luxusjachten geradezu verloren aussehen lässt.
2 km nördl. von Mykonos-Stadt

ÜBERNACHTEN
Máki's Place

Hafenblick • Kubische Bauten im Stil der Kykladen ziehen sich terrassenförmig den Hang hinauf. Herrlicher Meerblick von den mit Balkon und Terrasse ausgestatteten Zimmern. Ruhige, familiäre Atmosphäre: Pool, Bar. Der hoteleigene Minibus steht für Fahrten zum Flughafen oder Hafen zur Verfügung.
Tel. 2 28 90/2 51 18 • www.makisplace.com • 52 Zimmer • €€

ESSEN UND TRINKEN
Mathiós

Traditionelle Küche • Gute griechische Küche genießt man bei Mathiós unmittelbar an der Hauptstraße in der Nähe der Bushaltestelle. Auf der Terrasse spenden einige Bäume angenehmen Schatten. Viel fangfrischer Fisch, gute Vorspeisen und Fleischgerichte.
Tel. 2 28 90/2 33 44 • €€

Die Südküste
Hier liegen die unumstrittenen Hotspots der Insel, Paradise Beach und Super Paradise Beach. Aber auch wer ruhigere Strandabschnitte sucht, wird fündig werden.

◀ Schutz vor der griechischen Mittagssonne bietet die Terrasse des Eliá Beach Restaurants (▶ MERIAN-Tipp, S. 65).

Im Südosten der Insel liegen die schönsten und beliebtesten Strände von Mykonos. Die bekanntesten von ihnen, wie Paradise Beach oder Super Paradise Beach, gelten für manche gar als Synonym für Mykonos selbst. Das Lebensgefühl, das mit dem Klang dieser Namen verbunden ist – niemand verwendet übrigens die ursprünglichen griechischen Bezeichnungen –, ist oft Grund genug, hier den Urlaub zu verbringen. Die meisten Strände an der Südküste bedeckt ein feiner bis mäßig grober weißer Sand, ihre Größe ist überschaubar, beinahe intim. An das recht flache Ufer plätschert sanft das unglaublich klare Wasser, das Tauchern und Schnorchlern ideale Bedingungen garantiert. Die südlichen Strände sind über Badeboote von Platís Gialós bzw. Ornós aus zu erreichen, einige können auch mit dem Bus und natürlich mit dem Pkw angesteuert werden. Die Strände werden umrahmt von einem schmalen Band von Hotels, Restaurants, Bars und Geschäften, sodass während der Saison eine gute Infrastruktur besteht.

Agía Ánna ▶ S. 118, D 11

Dass gleich zwei Strände auf der Insel diesen Namen tragen, führt gelegentlich zu Verwechslungen (der zweite Strand liegt ganz im Osten in der Nähe von Kalafáti). Eines haben beide gemeinsam: Sie sind winzig. Die hier gemeinte recht ruhige Bucht blickt auf den benachbarten Strand von Platís Gialós. Auf der anderen Seite der Landzunge befindet sich auch der nur wenige Gehminuten entfernte Strand von Paránga.

ESSEN UND TRINKEN
Nicólas

Gemütliche Terrasse • Traditionelle griechische Küche wird hier seit vielen Jahren in gleichbleibend guter Qualität serviert. Ein hübsches Plätzchen für den Abend, aber auch bei Tage sitzt man gut auf der schattigen Terrasse.
Tel. 2 28 90/2 34 66 • €

Agrári ▶ S. 120, A 14

Ziemlich weit im Südosten gelegen, zieht der Strand von Agrári vor allem diejenigen an, die den Strandtag gern abseits der großen Menschenmengen verbringen möchten. Motorisiert sollte man sein, um hierher zu kommen, denn Busse steuern diesen Strand nicht an. Bleiben noch die Badeboote, doch auch sie legen nicht alle hier an. Agrári ist jedoch in 10 bis 15 Minuten vom östlich gelegenen Strand von Eliá zu erreichen, wo eine Busverbindung besteht. Zur Bucht führt eine steile Straße hinunter, die sich 500 m lang und über 20 m breit sichelförmig zwischen Felsen erstreckt. Der Sand ist leicht grobkörnig, das Wasser wie überall im Süden von bester Qualität. Der ideale Ort für Ruhe suchende Individualisten.

ÜBERNACHTEN
Sunrise Beach
Familiäre Atmosphäre • Liebevoll geführtes und hübsch eingerichtetes Hotel in weiß-blauer Kykladen-Architektur, unmittelbar am Strand gelegen, mit Restaurant, Swimmingpool und Bar. Bis in den Abend verkehrt ein Shuttlebus des Hotels in die Stadt.
Tel. 2 28 90/7 22 01 • www.sunrise mykonos.gr • 33 Zimmer • €€

ESSEN UND TRINKEN
Agrári Beach
Angemessene Preise • Seit über 20 Jahren bietet diese Taverne mit familiärer Atmosphäre sehr schmackhaftes griechisches Essen. Vor einiger Zeit haben die Besitzer auch eine kleine Pension in unmittelbarer Nähe eröffnet.
Tel. 2 28 90/7 12 95 • www.agrari beach.gr • 13 Zimmer • €

Eliá ▶ S. 120, A 14
Eliá Beach ist der östlichste Strand, der von den Badebooten angesteuert wird. Von Mykonos-Stadt verkehren auch Busse, die Fahrt mit dem Auto dauert ca. eine halbe Stunde. Der rund 400 m lange Strand wird malerisch von Felsen eingerahmt, der Sand ist recht fein. Auch wenn das Bild in den Sommermonaten von Sonnenschirmen und Liegestühlen dominiert wird, geht es insgesamt noch ruhig zu; von der Lautsprecherberieselung anderer Strände bleibt man hier verschont. Während der Hauptsaison bietet eine Wassersportstation die Möglichkeit, Wasserski oder Jet-Ski zu fahren. Zu beiden Seiten der Bucht schließen sich winzige Sandstrände an, die vorwiegend von Nacktbadenden besucht werden. Einige Restaurants und Tavernen sorgen für das leibliche Wohl.

Auch heute noch ist der Esel ein beliebtes Transportmittel auf Mykonos. Man begegnet ihm immer wieder in den Altstadtgassen der verschiedenen Orte.

Paradise ▸ S. 119, E 11

In den 70er-Jahren galt der Strand als Hochburg der Hippies und Freaks, später als Szenetreff der Homosexuellen. Nacktbaden und freizügiges Liebesleben übten eine magnetische Wirkung auf Gleichgesinnte aus, und nicht wenig davon hat der Strand zum Mythos, der die Insel umgibt, beigetragen. Weitaus »gesitteter« geht es heute zu, FKK ist mittlerweile eher die Ausnahme, Gays und Lesben sind deutlich in der Minderheit. Vorwiegend junges, heterosexuelles Publikum bestimmt das Strandleben, für viele von ihnen gehört der Paradise-Aufenthalt zum täglichen Ritual des Urlaubs. Bereits ab mittags dröhnt Musik aus den Lautsprechern der Strandtavernen, ausgelassene Partystimmung bestimmt das Geschehen bis in den frühen Morgen – berühmt-berüchtigt sind die legendären Vollmondpartys direkt am Strand. Der schöne, 400 m lange Sandstrand ist da fast ein wenig zur Nebensache geworden, was sicher nicht am mangelnden Angebot liegt: In den Sommermonaten sind fast alle Wassersportarten möglich, eine Tauchschule bietet Tauchkurse für Anfänger und Fortgeschrittene an. Je nach Saison besteht eine Busverbindung bis in den frühen Morgen.

ESSEN UND TRINKEN
Hotel Paradise View
▸ grüner reisen, S. 19

AM ABEND
Cávo Parádiso
Einer der angesagtesten Clubs der Insel, getanzt wird zu Dancefloor und House-Musik. Burgähnliche Anlage mit großem Pool in den Felsen etwas östlich und oberhalb des Strandes gelegen.
Bis in den frühen Morgen geöffnet • www.cavoparadiso.gr

Tropicana Beach Bar
Jeden Tag ab 17 Uhr steigt hier die Strandparty. Aufgelegt werden die neuesten Hits und alles, was die Stimmung des hauptsächlich jugendlichen Publikums anheizt.
Ab mittags geöffnet • www.tropicanamykonos.com

Paránga ▸ S. 118, E 11

Auf dem Weg zum Strand weist unterwegs ein kleines Schild zum »ancient tower«: Der so bezeichnete Turm von Líno ist auf einer felsigen Anhöhe errichtet und weist einen Durchmesser von 10 bis 11 m auf. Leider sind nur noch vier Steinlagen vorhanden. Bis heute sind die Ar-

---

MERIAN-Tipp 8

ELIÁ BEACH RESTAURANT
▸ S. 120, A 14

Von der schattigen Restaurantterrasse aus kann man das Strandleben während des Essens oder bei einer kleinen Erfrischung in aller Ruhe beobachten. Auf der Speisekarte stehen schmackhafte griechische Gerichte. Neben der Taverne befinden sich ein Swimmingpool sowie eine Strandbar. Der Besitzer des Restaurants vermietet auch einige einfache Zimmer, die besonders bei deutschen Gästen beliebt sind.
Eliá Beach • Tel. 2 28 90/7 12 04 • www.mykonoselia.com • 12 Zimmer • €€

MERIAN-Tipp

MYCONIAN IMPERIAL RESORT & THALASSO SPA CENTER
▶ S. 120, A 14

Hotels der oberen Preisklasse gibt es auf Mykonos nicht wenige, doch mit dem Fünfsternehotel Myconian Imperial Resort & Thalasso Spa Center oberhalb des Eliá Beach steht anspruchsvollen Besuchern eine besonders edle Unterkunft zur Verfügung, die zu den »Leading Hotels of the World« zählt. Die luxuriöse Ausstattung der Zimmer und Suiten versteht sich bei einer derartigen Anlage von selbst, bei einigen Suiten steht den Gästen sogar ein privater Meerwasserpool zur Verfügung. Die Zimmer sind wie die gesamte Anlage sehr ästhetisch und harmonisch gestaltet, Weiß und Blau sind die vorherrschenden Farben. Nicht weniger als drei Swimmingpools und ein Kinderpool laden zum entspannten Baden ein, zwei Restaurants und drei Bars stellen auch den verwöhnten Geschmack zufrieden. Eine umfassende Thalassotherapie-Behandlung findet u. a. in vier separaten Pools statt, unterstützt durch verschiedenste Verwöhnprogramme für Gesicht und Körper.
Eliá Beach • Tel. 2 28 90/7 95 00 • www.myconiancollection.gr • 111 Zimmer • €€€€

chäologen uneins über Alter und Zweck des Turms. Möglicherweise war er Teil eines größeren Verteidigungssystems der Insel. Der von Felsen umschlossene Strand von Paránga ist nur 200 m lang, doch von feinstem Sand bedeckt. Während des Sommers findet man hier kaum ein freies Plätzchen, auch wenn es entspannter zugeht als am benachbarten Paradise Strand. Durch die Eröffnung eines Campingplatzes ist das Publikum hauptsächlich jüngeren Alters. Die kleine Felseninsel vor der Bucht ist ein beliebter Platz zum Sonnenbaden. Während der Saison halbstündige Busverbindung nach Mykonos-Stadt. Mehrmals täglich legen Badeboote aus Ornós und Platís Gialós an.

ÜBERNACHTEN
San Giorgio

Meerblick inklusive • In bevorzugter Lage auf den Klippen zwischen den beiden »Hausstränden« Paradise Beach und Paránga Beach. Imposante Poolanlage, gut ausgestattete Zimmer.
Tel. 2 28 90/2 74 74 • www.sangiorgio.gr • 31 Zimmer • €€€

Zéphyros

In Strandnähe • Ruhig gelegen, etwas oberhalb der Bucht. Schöne Frühstücksterrasse, einfache, aber gut ausgestattete Zimmer mit Pool, Restaurant und Bar.
Tel. 2 28 90/2 39 28 • www.zephyrosmykonos.com • 34 Zimmer • €€

Platís Gialós ▶ S. 118, D 11

Einst Treffpunkt der Reichen und Prominenten aus aller Welt, hat sich Platís Gialós zu einem der beliebtesten Ziele für Pauschalurlauber entwickelt. Kein anderer Strand der Insel bietet eine ähnliche Auswahl an Hotels und Tavernen, was zur Folge hat, dass sich Sonnenschirme und Liegen in den Sommermonaten dicht an dicht reihen. Der 400 m lange, etwas grobkörnige Sandstrand führt flach ins Wasser. An der dortigen Wassersportstation kann man Jet-Ski fahren oder ein Speedboat ausleihen. Wer etwas Abwechslung sucht: Die Nachbarstrände Agía Ánna und Paránga sind bequem zu Fuß erreichbar. Außerdem wird der Ferienort aus der 4 km entfernten Chóra bis in die Nacht hinein von Bussen angefahren. Tagsüber nutzen viele Gäste, die eines der Hotels in der Stadt bewohnen, die Busverbindung, um von Platís Gialós aus mit einem der hier startenden **Badeboote** 8 zu den Stränden im Süden zu gelangen. Die Boote steuern Paránga, Paradise und Super Paradise an, etwas seltener auch Agrári und Eliá. Die Abfahrtszeiten werden auf einer Tafel bekannt gegeben, die Preise für die Hin- und Rückfahrt liegen zwischen 4 und 6 €.

ÜBERNACHTEN
Myconian Ambassador Hotel
Bezahlbarer Luxus • Von den weißblauen Kuben der etwas oberhalb der Bucht gelegenen luxuriösen Hotelanlage hat man einen herrlichen Blick über die Strandlandschaft. Schön gestalteter Meerwasserpool, Tennisplatz und Squash, Sauna mit Whirlpool. Sehr freundliches, aufmerksames Personal, das Restaurant des Hauses überzeugt mit einer leckeren, abwechslungsreichen Küche. Zimmer mit Klimaanlage und wunderbarem Meerblick.
Tel. 2 28 90/2 41 66 • www.myconian collection.com • 80 Zimmer • €€€€

Petasos Beach Resort & Spa
Stilvoll • Auf einer Halbinsel zwischen Platís Gialós und Psaroú gelegen; die Hotelanlage bietet Zimmer unterschiedlicher Kategorien und Preisklassen, von Standard-Hotel-

Hier kann sich der Gast rundherum verwöhnen lassen: Die Anlage des Myconian Imperial Resort (▶ MERIAN-Tipp, S. 66) verfügt unter anderem über drei große Pools.

Zimmern bis hin zu edlen Deluxe-Zimmern. Zwei schöne Poolanlagen mit Meerblick, umfangreiches Sportangebot, Restaurant mit Terrasse.
Tel. 2 28 90/2 34 37 • www.petasos.gr • 107 Zimmer • €€€€–€€€

Myconos Palace
Zentrale Lage • Die kubischen Gebäude in typischer Kykladen-Architektur liegen direkt am Sandstrand. Wem es dort zu eng wird, der kann im Meerwasser-Swimmingpool Erfrischung suchen. Spezielle Hochzeitsangebote, u. a. romantisches Dinner und Bootsfahrt zu zweit.
Tel. 2 28 90/2 21 18 • www.mykonospalace.com • 28 Zimmer • €€€

Lady Anna
Kleines Hotel • Im typischen Weiß-Blau gehaltene Anlage am östlichen Ende des Strandes. Schöner Meerwasser-Swimmingpool, nette gepflegte Zimmer mit Klimaanlage, Terrasse zum Pool oder Balkon mit Meerblick. Und essen kann man im hoteleigenen Restaurant Bonatsa, wo auch gute Cocktails serviert werden.
Tel. 2 28 90/2 21 34 • www.ladyanna.gr • 36 Zimmer • €€€

ESSEN UND TRINKEN
Gallúp
Für den kleinen Hunger • Am westlichen Ende des Strands, gleich oberhalb der Mole, wo die Badeboote abfahren. Auf der Speisekarte stehen vorwiegend griechische Gerichte, es wird aber auch Pizza angeboten. Da der Besitzer von der Insel Kreta stammt, gibt es manchmal typisch kretische Spezialitäten wie die empfehlenswerte Pita.
Ab vormittags geöffnet • €€

Psaroú ▶ S. 118, D 11
3 km vom Stadtzentrum entfernt, kurz bevor man den Strand von Plátis Gialós erreicht, zweigt nach rechts eine unscheinbare, sehr steile Straße zum kleinen Strand von Psaroú ab. Seine äußerst windgeschützte Lage macht den 300 m langen Sandstrand vor allem an windigen Tagen zum geschätzten Ziel. Der Badeplatz ist beliebt bei Familien mit Kindern, da der Strand flach ins Wasser übergeht. Während der heißen Sommermonate platzt Psaroú scheinbar aus allen Nähten; zu den Hotelgästen an Land kommen die zahlreichen Jachtbesitzer, die in der Bucht vor Anker gehen. Psaroú bietet diverse Wassersportmöglichkeiten: Man kann Kanus und Tretboote mieten oder einfach nur die guten Bademöglichkeiten nutzen, auch für Kinder ist der Strand gut geeignet. Der Strand von Platís Gialós ist von hier aus in 10 Minuten zu erreichen. Eine Bushaltestelle befindet sich oben an der Straße nach Platís Gialós.

ÜBERNACHTEN
Grecotel Mykonos Blu
Klassisch und elegant • Fünfsterneanlage der Luxusklasse, die zu den besten Hotels der Kykladen gezählt wird. Traumhafter Blick über das Meer, sehr schön gelegener Pool mit Meerwasser, außerdem für kühlere Tage hauseigene Sauna, Hallenbad und Fitnessbereich. Zum Hotel gehören auch zwei Feinschmecker-Restaurants. Traditionelle inseltypische Architektur, geschmackvolle, modern eingerichtete Zimmer, die sich auf zahlreiche Bungalows in der gepflegten, weitläufigen Gartenanlage verteilen.

Die beliebten Strände an der Südküste von Mykonos werden von Badebooten (▶ S. 67) angefahren, die regelmäßig von Platís Gialós (▶ S. 66) aus starten.

Tel. 2 28 90/2 79 00 • www.grecotel.com/Mykonos/mykonos-blu/ • 90 Zimmer • €€€€

Psaroú Beach

Familienhotel • Freundlich geführtes Hotel 50 m oberhalb des Strandes. Alle Zimmer mit Klimaanlage. Gute griechische Küche.
Tel. 2 28 90/2 41 80 • www.myconos-psaroubeach.com • 25 Zimmer • €€€

ESSEN UND TRINKEN
Námmos

Küche mit Pfiff • Das beste Restaurant von Psaroú grenzt direkt an den Sandstrand. Die griechische Küche zeigt einen arabischen Einschlag. Versuchen Sie den Salat des Hauses mit Pita oder Cesar's Salat mit Hühnerfleisch. Köstlich sind auch die Muscheln in Feta-Soße mit Zitrone.
Tel. 2 28 90/2 24 40 • www.nammos.gr • €€€

Super Paradise ▶ S. 119, F 11

Bis heute lebt Super Paradise von seinem Ruf, einer der verrücktesten Plätze Griechenlands zu sein, ein Zentrum der Schwulenszene und Oase für alle FKK-Anhänger. Mittlerweile teilt man sich den 250 m langen Strand mit »Heteros« und »Textilträgern«; nur am westlichen Strandabschnitt sieht man vorwiegend nackte Männerkörper beim Sonnenbad. Die von Felsen eingerahmte Bucht, etwas kleiner als Paradise Beach, gehört zu den schönsten Stränden der Insel. Auch hier finden beinahe täglich Strandpartys statt, allerdings geht es insgesamt etwas ruhiger zu. Da die schmale Zufahrtsstraße zum Super Paradise Beach nicht von Bussen befahren werden kann, sind die nahe gelegenen Parkplätze rasch belegt. Bequemer erreicht man den Strand mit den Badebooten.

Áno Merá und der Osten

Im ländlichen Osten hat das einfache, ursprüngliche Inselleben bis in unsere Tage überdauert. Auf schöne Strände und touristische Infrastruktur muss man trotzdem nicht verzichten.

◀ Typische kleine Kirche in der Nähe von Áno Merá (▶ S. 71), dem nach Mykonos-Stadt zweitgrößten Ort der Insel.

Áno Merá 9   ▶ S. 116, A8
800 Einwohner

Gerade einmal 10 km trennen Mykonos-Stadt von der zweiten größeren Siedlung der Insel, Áno Merá, mit ihren ungefähr 800 Einwohnern. Und doch scheinen Welten dazwischen zu liegen. Clubs und Nachtleben sind hier Fremdworte, und der berühmten Freizügigkeit der Stadt scheint man hier mit einer gehörigen Portion Misstrauen und Traditionsdenken entgegenzutreten.

Áno Merá ist für die Besucher der Insel meist nur Zwischenstation auf dem Weg zu den ruhigen Stränden im Südosten oder einfach Ziel eines kurzen Ausflugs. Lohnenswert ist der Bummel über den hübschen, autofreien Marktplatz, dessen Tavernen durchaus eine Alternative zu den teureren Restaurants der Stadt darstellen. Die beiden Klöster des Ortes bilden die Hauptattraktionen für eine Besichtigungstour. Áno Merá ist eine Streusiedlung ohne erkennbar historisch gewachsene Strukturen, von Jahr zu Jahr entstehen ringsum neue weiße Kuben, sodass mittlerweile fast die gesamte Ebene in lockerem Abstand von Häusern und Gehöften bedeckt ist. Einige der Bewohner widmen sich hier noch der Landwirtschaft, keine leichte Aufgabe in der von Steinen übersäten kargen Landschaft, in der der Wind trotz aufgeschichteter Steinmauern immer wieder die fruchtbare Krume wegweht. Und so ist es erstaunlich, dass in der Nähe des Dorfes seit einigen Jahren wieder Wein angebaut wird, denn Weinstöcke vertragen normalerweise nur wenig Wind. Das Ergebnis dieser Bemühungen, den ökologisch produzierten Wein Paraportianó, kann man in mehreren Restaurants der Insel kosten: zwar kein hochklassiger, aber ein guter Tischwein.

Wie archäologische Grabungen und Funde ergaben, war die Gegend um Áno Merá von der Antike bis heute kontinuierlich besiedelt, selbst Bestattungen aus geometrischer Zeit (10.–6. Jh. v. Chr.) und jahrtausendealte prähistorische Spuren konnten freigelegt werden. Die ungewöhnliche Lage im Zentrum der Insel wurde offensichtlich als Schutz empfunden, bot das Meer doch nicht nur Handelskontakte, sondern kamen auf diesem Weg auch Feinde und Eroberer auf die Insel.

SEHENSWERTES
Kloster Panagía Tourlianí

Das Hauptkloster der Insel erhebt sich direkt am Dorfplatz des Ortes (tgl. 9–13 und 18–21 Uhr) und stellt ein gutes Beispiel für die Klosterarchitektur des östlichen Mittelmeers dar. Die kleine Pforte mit einer Pechnase darüber und die winzigen Fenster zum Platz hin unterstreichen den Festungscharakter der in der Sonne grell weiß strahlenden Fassade. Das Kloster wurde 1542 von zwei Mönchen aus Paros gegründet, nachdem man hier eine Ikone gefunden hatte, der man wundertätige Fähigkeiten nachsagte. Das Kloster war direkt dem Patriarchat von Konstantinopel unterstellt, was Piraten jedoch nicht daran hinderte, es im Jahr 1612 zu plündern.

> **WUSSTEN SIE, DASS …**
>
> … Mykonos einst gute Unterschlupfmöglichkeiten für Seeräuber bot und der letzte Pirat von Mykonos mit dem Namen Mermeléchas erst im Jahr 1854 starb?

Die heutigen Bauten stammen in wesentlichen Teilen aus dem 18. Jh. Die dreischiffige Kirche mit ihrer Kuppel im Mittelschiff und ihren überwölbten Seitenschiffen wurde im Jahr 1670 erbaut, der die Anlage überragende imposante Glockenturm stammt aus dem Jahr 1807. Er ist mit religiösen wie volkstümlichen Reliefs geschmückt: Neben Motiven wie »Maria mit dem Kind« sind auch Szenen des Alltags zu entdecken, darunter Mönche und Bauern in ihrer zeitgenössischen Kleidung. Aus derselben Zeit stammt übrigens auch der mit einem Wasser speienden Kobold verzierte Brunnen auf dem Kirchenvorhof.

Im Inneren des Klosters befindet sich die sehenswerte holzgeschnitzte Ikonostase, die unter anderem fantastische Gestalten aus der Welt der Tiere wie Drachen und Einhorn zeigt, sowie ein reich verzierter Bischofsthron, der auf zwei hölzernen Löwen ruht. Für die Gläubigen ist die wundertätige Ikone der Jungfrau Maria Ziel ihrer Gebete und Bitten. Dem Kloster ist ein kleines Museum angegliedert, das in nachgestellten Szenen vom klösterlichen Leben vergangener Zeiten berichtet. Bitte achten Sie beim Besuch des Klosters auf angemessene Bekleidung.

Kloster Paleókastro

Das zweite Kloster des Ortes erreicht man von Mykonos-Stadt aus kommend über eine kleine Straße, die am Ortseingang links abzweigt. Das Nonnenkloster (9–12 und 17–19 Uhr) ähnelt mit seinen kleinen Fensteröffnungen genau wie das Mönchskloster einer Festung. Welch ein Kontrast im Inneren, wo weiße Gebäude mit roten Türen und Fenstern einen großen baumbestandenen Hof mit Garten umschließen! Eine ruhige, fast intime Idylle, die zum Verweilen einlädt. In Dutzenden von Töpfen blühen prächtige bunte Blumen, Maulbeerbäume verbreiten ihren typischen Duft, Gemüse, Kartoffeln und Kräuter wachsen üppig im Garten vor der Klosterkirche. Zurzeit wird das Kloster nur noch von einer nun schon über 80-jährigen Nonne und mehreren Novizinnen bewohnt.

In der Nähe des Klosters findet man einige spärliche Reste des alten Áno Merá: Einige Meter entfernt ragt ein eigenartiger Granitblock 3 m aus der Erde, den Archäologen als Menhir identifizierten, der einst zu einem alten Grabmal gehört haben soll. Ein kurzer Aufstieg führt von dort auf den konisch geformten Hügel oberhalb des Ortes, wo man Ausgrabungen einer Festung aus venezianischer Zeit besichtigen kann, die der Adelsfamilie Ghisi zugeordnet werden. Weitere Mauerreste am Hügel stammen von einer byzantinischen Festung des 7. Jh., die zum Schutz vor arabischen Überfällen erbaut

Das Kloster Panagía Tourlianí (▶ S. 71) in Áno Merá birgt im Inneren der Klosterkirche eine holzgeschnitzte Ikonostase, der wundersame Fähigkeiten nachgesagt werden.

worden war. Mindestens ebenso lohnend ist in jedem Fall der weite Blick, der für die kleinen Mühen des Aufstiegs entschädigt.

ESSEN UND TRINKEN

Daphne

Köstliche Fischgerichte • Im Restaurant direkt am Dorfplatz kann man neben fein zubereitetem Fisch und Meeresfrüchten auch ökologisch erzeugte inseltypische Produkte wie Käse und Wein genießen.
Tel. 2 28 90/7 22 22 • tgl. ab mittags geöffnet • €€

Plakota Farm

▶ grüner reisen, S. 19

President's Place

Traditionelle Küche • Griechische Gerichte zu einem fairen Preis, ebenfalls direkt am Dorfplatz.
Tel. 2 28 90/7 19 25 • €€

Vangelis

Beliebte Taverne • Seit Jahrzehnten von vielen Stammgästen aus Mykonos-Stadt geschätzt und direkt am Dorfplatz gelegen. Die griechischen Gerichte, darunter Lamm und Spanferkel, sind oft deftig, aber immer gut. Auch Fisch und Meeresfrüchte werden hier köstlich zubereitet. Es lohnt sich, die Empfehlung des Tages zu probieren.
Tel. 2 28 90/7 15 77 • ab mittags durchgehend geöffnet • €€

Kafeníon Ellás

Café mit Museum • Das kleine Kafeníon, nur wenige Schritte vom Hauptplatz entfernt, zieht die Blicke aller Passanten auf sich. Der Besitzer hat das Café mit Loren, Pumpen und anderen Gerätschaften aus den Baryt-Minen der Insel zu einem kleinen Museum ausgebaut.
Ab vormittags geöffnet • €

Óti apomeine

Gutes vom Grill • Direkt am Dorfplatz befindet sich auch diese einfache Taverne mit traditionellen Grillgerichten und Spezialitäten aus Mykonos.
Tel. 2 28 90/7 15 34 • www.oti apomeine-mykonos.gr • €

SERVICE
BUSSE

Die zu den Stränden Elía, Agía Ánna und Kalafáti fahrenden Busse halten in Áno Merá.

Ziele in der Umgebung
◎ Agía Ánna ▶ S. 120, C 13

Kaum mehr als 100 m lang und 15 m breit ist der feine Sandstrand von Agía Ánna gleich unterhalb des Hotels Anastasía. Dessen Gäste sind es auch, die diesen »Hausstrand« in der Regel benutzen. Die felsige Küste hier ist ideal für Taucher, ein Tauchzentrum gleich oberhalb des Hotels bietet die notwendige Ausrüstung.
4 km südöstl. von Áno Merá

ÜBERNACHTEN
Anastasía Village

Bungalowanlage • Gleich oberhalb des kleinen Strandes auf den Felsen bilden die im typischen Kykladen-Stil errichteten Bungalows der Anlage ein kleines Dorf. Hier ist ein komfortabler Urlaub in ländlicher Umgebung möglich. Großer Swimmingpool mit schönem Blick über die Bucht. Idyllisch direkt am Meer in den Felsen gebaut liegt das Restaurant Spélia, zu dessen Spezialitäten italienische Küche und Fischgerichte gehören.
Tel. 2 28 90/7 12 05 oder 7 15 07 • www.hotelanastasia.gr • 85 Bungalows • €€€

SERVICE
Tauchbasis Schwerelos

Unter deutscher Leitung stehende Tauchbasis mit einem Kursprogramm sowohl für Anfänger wie für Profis. Hier kann man erste Schnupperkurse belegen oder auch die anerkannten Ausbildungsgänge (CMAS, Padi, Nitrox) durchlaufen. Komplette Tauchausrüstungen stehen ebenso zur Verfügung wie professionelle Unterwasserkameras. Die Tauchgänge führen zu versunkenen Wracks, Höhlen und Amphorenfeldern. Die Tauchschule liegt auf dem Gelände der Apartmentanlage Jorgos.
Tel. 2 28 90/7 16 77 • www.tauch basis-schwerelos.de

◎ Halbinsel Divoúnia ▶ S. 120, C 13

Die winzige Halbinsel, die die beiden Strände Agía Ánna und Kalafáti trennt, wird von einer kleinen Fischersiedlung bedeckt. Hier kann man den Fischern mit etwas Glück beim Anlanden von frisch gefangenem Tintenfisch und großen Krebsen und Hummern zusehen. In **Márkos Taverne** landet der frische Fisch dann köstlich zubereitet auf dem Teller. In der Taverne können Sie auch nach Privatzimmern und Apartments fragen (Tel. 2 28 90/7 14 97).
4 km südöstl. von Áno Merá

◎ Kalafáti ▶ S. 120, C 13

Der Sandstrand von Kalafáti gehört mit seinen ca. 900 m zu den längsten der Insel. Dank seiner abgeschiedenen Lage zählt er wohl auch zu den ruhigsten Badeplätzen. Aufgrund der besonderen Windverhältnisse hat sich der Strand zu einem beliebten Surfrevier entwickelt. Während der Wind vormittags meist mit

Windstärke 2 bis 5 weht und den Anfängern gute Bedingungen ermöglicht, kann er am Nachmittag Windstärke 6 und mehr erreichen: ideal für Profis und Fortgeschrittene. In einiger Entfernung zum Ufer türmen sich die Wellen so auf eine Höhe von 2 bis 4 m auf.
5 km südöstl. von Áno Merá

ÜBERNACHTEN
Aphrodite Beach
Für Wassersportfreunde • Sehr weitläufige Hotelanlage am östlichen Ende der Bucht mit großem baumbestandenem Garten. Das Haus zählt zu den ältesten Hotels von Mykonos und wird vornehmlich von den großen Reiseveranstaltern gebucht. Die Zimmer verteilen sich auf das Haupthaus und mehrere Nebengebäude. Großer Meerwasserpool mit Kinderbecken. Tennisplatz vorhanden.
Tel. 2 28 90/7 13 67 • www.aphrodite-mykonos.gr • 139 Zimmer • €€

La Residence
Elegante Bleibe • Oberhalb des Strandes mit Panoramablick über die gesamte Bucht. Alle Zimmer mit Balkon oder Veranda. Swimmingpool mit Kinderbecken sowie Spa vorhanden. Klimaanlage.
Tel. 2 28 90/7 13 49 • www.laresidencemykonos.com • 24 Zimmer und 2 Suiten • €€

ESSEN UND TRINKEN
Aquarius
Mit Meerblick • Oberhalb des westlichen Strandabschnittes gelegen. Gute griechische Küche.
Tel. 2 28 90/7 23 03 • €€

SERVICE
Windsurf Center Mykonos
▶ Familientipps, S. 33

Der wunderschöne Sandstrand von Kalafáti (▶ S. 74) bietet mit seiner geschwungenen Bucht und dem mäßig bis stark wehenden Wind ideale Bedingungen für Surfer.

Kaló Livádi ⭐ ▸ S. 120, B 13

Gleich südöstlich von Áno Merá öffnet sich die 600 m lange, sanft geschwungene Bucht von Kaló Livádi. Während der Vor- und Nachsaison ist man hier unter sich, und auch während der heißen Sommermonate stellt sich nie das Gefühl von »Strandtrubel« ein, was wohl auch daran liegt, dass die Busverbindungen etwas spärlich sind. Der relativ flach ins Wasser führende Sandstrand verspricht höchstes Badevergnügen für alle, die etwas Abgeschiedenheit lieben. Abgesehen von einigen kleineren Tamarisken gibt es jedoch keine Möglichkeit, sich in den Schatten zurückzuziehen. Die kargen, felsigen Hänge der Bucht sind bislang nur recht locker bebaut. Ganz im Osten ankern bisweilen Frachtschiffe, die mit dem auf der Insel abgebauten Erz beladen werden.
2 km südöstl. von Áno Merá

ÜBERNACHTEN
Pietra e Mare

Für Romantiker • Am westlichen Ende der Bucht gleich oberhalb der Kapelle gelegen, verspricht dieses aus kleinen, weiß verputzten oder naturbelassenen steinernen Häuschen bestehende Hotel einen ruhigen Urlaub. Studios mit Kochnische, kleiner Pool, Restaurant.
Tel. 2 28 90/7 11 52 • www.pietra-e-mare.gr • 29 Zimmer und Suiten • €€

ESSEN UND TRINKEN
La Barca

Preiswerte Taverne • Unter dem schattigen Rohrgeflecht des Restaurants in der Mitte der Bucht lässt sich gut eine Pause einlegen. Die Speisekarte wird von günstigen griechischen Gerichten dominiert: Eine »moussaká« oder einen »pastítsio« erhält man hier bereits für 6 €.
Tel. 2 28 90/7 23 10 • €

Liá ⭐ ▸ S. 121, D 13

Man erreicht den Strand von Liá, die östlichste Badebucht der Insel, über eine asphaltierte Straße. Nur 150 m lang, von grobem Sand und Kieseln bedeckt und relativ flach ins saubere Wasser abfallend, ist der Mini-Strand eine wahre Oase der Ruhe. Zwar werden im Sommer auch hier Liegestühle und Sonnenschirme angeboten, doch die große Entfernung zur Hauptstadt und die etwas mühsame Anfahrt lassen nie Unruhe oder Gedränge aufkommen. Ein schattiges Plätzchen bietet die **Taverne Liá Beach** gleich oberhalb des Strandes. Dahinter lockt die **Taverne La Luna** mit frischem Hummer und großen Krebsen, die in Bassins direkt nebenan gehalten werden. Die Preise für Fische und Meeresfrüchte hier sind allerdings sehr hoch.
7 km östl. von Áno Merá

Der äußerste Osten
▸ S. 117, D–F 7/8

Auf einigen Karten von Mykonos sind ganz im Osten der Insel – rund um den Berg Profítis Ilías Anomerítis – mehrere Badestrände eingezeichnet. Doch zu empfehlen sind sie eigentlich nicht, denn weder ihre Lage und Beschaffenheit noch ihre Erreichbarkeit (nur mit einem Jeep) machen diese Strände zu heimlichen Traumstränden.

Von Áno Merá aus verläuft Richtung Osten eine gut ausgebaute Teerstraße bis an den südlichen Rand des Berges, wo ein Abzweig in militärisches Gelände führt – für Touristen ist dieser Weg tabu. Von

Kaló Livádi – Der äußerste Osten

Weit reicht der Blick von der kleinen, weiß-blauen Kuppelkirche im kykladischen Stil über die Bucht und den Sandstrand von Kaló Livádi (▶ S. 76).

da aus geht es auf äußerst holpriger, mit tiefen Schlaglöchern und Steinen versehenen Piste weiter rund um den Berg, bis man wieder die Teerstraße erreicht hat. Unterwegs stößt man immer wieder auf prächtige Villen, Oasen in der Steinwüste, die zum Staunen verleiten. Meist sind sie ganz in Weiß gehalten, einige sind auch aus unbearbeitetem Naturstein errichtet, der sich kaum von der Umgebung abhebt. Nur äußerst selten begegnet man einem anderen Menschen an den östlichsten Stränden **Káto** und **Páno Tigáni**, zu denen eine steile Piste hinabführt. Schließlich erreicht man ein Erzabbaugebiet, das heute nur noch geringe Bedeutung hat, wie einige verlassene Hütten und Stollen zeigen. Nach **Merchiás Beach**, zwei kleinen sandigen Stränden im Nordosten, führt ein schmaler Abzweig, bevor man wieder die Teerstraße nach Áno Merá erreicht. Die Rundtour beträgt von Áno Merá aus ohne Abstecher ca. 20 km.

7 km östl. von Áno Merá

Die Nordküste
Mit ruhigen Badebuchten und familiären, kleinen Hotels zieht der Norden von Mykonos vor allem Individualisten an, die der hektischen Betriebsamkeit der Südküste entfliehen möchten.

◂ Der Inselnorden zeichnet sich durch seine herbe Schönheit aus: Kapelle am Strand von Ágios Sóstis (▶ S. 79).

An der Nordküste der Insel sind die landschaftlich attraktiven Fleckchen etwas spärlicher gesät. Der größte Teil des nördlichen Inselabschnitts wird von einer unzugänglichen Felsküste bestimmt. Doch hat die im Nordwesten sich öffnende Pánormos-Bucht mit Ágios Sóstis und Pánormos zwei empfehlenswerte Sandstrände zu bieten, um dem Trubel der stark frequentierten Badebuchten im Süden zu entgehen. An manchen Tagen weht den Badegästen der Nordwind allerdings teils unangenehm ins Gesicht …

Ágios Sóstis ▶ S. 115, E 2

Nur etwas mehr als 200 m ist der Strand von Ágios Sóstis lang, und doch kommen von Jahr zu Jahr weitere Villen wohlhabender Griechen hinzu. Denn hier ist man noch unter sich: Die Inselhauptstadt ist immerhin 8 km entfernt, und eine Busverbindung gibt es nicht. Nur einige Individualisten sind es, die hier neben den Anwohnern das ruhige Strandleben genießen, ohne kommerziellen Liegestuhlverleih und Wassersportangebote. So besteht auch im Hochsommer nie die Gefahr eines überfüllten Strandes. Der feine Sandstrand führt flach ins Wasser, nur wenn der heftige Nordwind weht, ist das Badevergnügen etwas beeinträchtigt. Oberhalb des Strandes liegt malerisch die kleine **Doppelkapelle Ágios Sóstis** mit Vorhof und Mauer. Ein Pfad führt von hier zu einer weiteren winzigen, kaum 30 m langen Bucht mit einer kleinen Taverne.

ÜBERNACHTEN

Mykonos Thea ▶ S. 115, E 2
Ruhige Lage • Das kleine Hotel befindet sich direkt am Strand. Von jedem Zimmer aus hat man einen traumhaften Blick über die Bucht.
Ágios Sóstis • Tel. 69 37/05 78 13 • www.mykonosthea.com • 5 Zimmer, 4 Apartments • €€€

Fokós ▶ S. 116, C 6

Von Áno Merá nach Fokós führt eine enge Straße – teils Erdpiste, teils Betonstrecke –, die auch mit dem Pkw befahrbar ist. Unterwegs passiert man einen der beiden Stauseen, die Vögeln als Ruheplatz dienen. Der von etwas grobem Sand bedeckte **Fokós Beach** ist ein idealer Platz für alle, die Ruhe und Einsamkeit suchen. Das einzige Haus am Strand entpuppt sich als empfehlenswerte Taverne mit guten Grill- und Fischgerichten, die allerdings nur während der Sommermonate geöffnet ist. Weiter westlich erstreckt sich **Mersíni Beach**. Hinter dem Namen verbergen sich zwei kleine Strände ohne allzu viel Charme, dafür abseits jeglicher Betriebsamkeit.

Fteliá ▶ S. 115, F 4

Ganz am südlichen Ende der Bucht von Pánormos – zu erreichen über die Verbindungsstraße zwischen Mykonos-Stadt und Áno Merá – er-

MERIAN-Tipp 10

PÁNORMOS VILLAGE
▶ S. 115, E 2

Die kleine Bungalowanlage scheint fast mit dem Hotel Albatros verwachsen zu sein, kein Wunder, gehört das Hotel doch einem anderen Zweig der Familie Xidáki. Besitzer Andreas hat einige Zeit in Mannheim gelebt und nun diesen Familienbetrieb eröffnet. Die neu errichteten kubischen Häuschen mit ihren blauen Fensterläden fügen sich gut in die Landschaft ein. Von den Terrassen und Balkonen hat man einen schönen Blick über die Meeresbucht. Die Zimmer sind einfach, aber nett eingerichtet. Zum Hotel gehört das Restaurant Pánormos, das schon seit Jahren für seine gute Küche bekannt ist: Hier wird noch traditionell griechisch gekocht, sogar das Brot wird selbst gebacken. Gemütliche Terrasse mit Blick aufs Meer.
Amigdalidi • Tel. 2 28 90 / 2 51 82 • www.panormosvillage.gr •
14 Zimmer • €€

streckt sich der noch unverbaute Strand Fteliá. Durch die starken Nordwinde ist das Baden hier häufig kein Vergnügen, denn gelegentlich wird auch Strandgut angeschwemmt. Dafür gilt die Bucht vor dem 400 m langen, grobsandigen Strand als Hochburg der Starkwindsurfer. Für Könner und alle, die extreme Herausforderungen lieben, ist Fteliá der genialste Surfspot der Insel. Bei Windstärke 7 bis 10 sollte man die eigenen Fähigkeiten allerdings realistisch einschätzen können. Etwas abseits wurden Spuren früher Besiedlung gefunden; sowohl der westlich gelegene Hügel Mavró-Spilia als auch die Anhöhe in der Mitte der Bucht sollen bereits während des mittleren und jüngeren Neolithikums bewohnt gewesen sein. Bei Ausgrabungen fand man Teile von Gefäßen, Pfeilspitzen und Klingen aus Obsidian – einem kieselsäurereichen, glasigen Gestein – sowie Reste einer prähistorischen Siedlung, deren Anfänge bis in das 5. Jahrtausend v. Chr. zurückreichen. Für Laien sind leider kaum interessante Spuren zu entdecken.

ESSEN UND TRINKEN
Akri
Traditionelle Küche • Hier wird griechisch gekocht: Probieren Sie doch einmal Hühnchen mit Honig.
Tel. 2 28 90 / 75 28 84 • €€

WUSSTEN SIE, DASS …
… die berühmte griechische Freiheitsheldin Mantó Mavrogénous eine Zeit lang auf Mykonos lebte? Sie war eine der Kommandantinnen des griechischen Unabhängigkeitskrieges Anfang des 19. Jh. und nahm an mehreren Seeschlachten teil.

Pánormos
▶ S. 115, E 2

Von der Straße nach Áno Merá zweigt kurz nach der zweiten Tankstelle eine schmale Straße ab zur Bucht von Pánormos. Unterwegs kommt man an dem meist verschlossenen **Kloster Ágios Pandeleímonas** vorbei, das mit seinen hohen Mauern und seiner Pechnase über der winzigen Tür an eine kleine Festung erinnert. Es wurde 1665 gegründet und birgt in seinem Inneren schöne Ikonen innerhalb einer holzgeschnitzten Ikonostase und Wandmalereien. Weiter führt der Weg am **See von Maráthi** vorbei, einem künstlichen Stausee, der in den Sommermonaten zur Bewässerung der Felder dient. Schließlich erreicht man nach 6 km die geschwungene, zum Teil von Dünen gesäumte Bucht von Pánormos, die mit einer Länge von 800 m eine echte Alternative zu den bisweilen überlaufenen Stränden der Südküste darstellt. Auf eine Busanbindung muss man allerdings ebenso verzichten wie auf eine umfangreiche Infrastruktur. Doch zwei Tavernen und zwei Bungalowanlagen ermöglichen es den Individualisten unter den Mykonos-Besuchern, ihren Urlaub hier abseits der touristischen Zentren zu verbringen. Der feine bis grobkörnige Sandstrand geht relativ flach ins Wasser, wobei an einigen Stellen große Steine den Einstieg etwas erschweren. Im südlichen Teil geht der Sandstrand in eine kleine Dünenkette über. Die Dünen bieten zumindest etwas Schutz vor Wind und Sonne und sind bei den Badegästen entsprechend begehrt. Die Bucht ist zum Schnorcheln gut geeignet.

ÜBERNACHTEN
Albatros Club Resort
Abseits des Trubels • Ideales Urlaubsdomizil für all diejenigen, die Ruhe und Abgeschiedenheit lieben. Gepflegte Bungalowanlage mit kleinem Pool. Auf Wunsch kocht Familie Xidáki auch für die Gäste des Hauses oder organisiert den Transfer nach Mykonos-Stadt.
Tel. 2 28 90/2 51 30 • www.albatros-mykonos.com • 15 Zimmer • €€

Möglichkeiten zur Andacht und zum Gebet gibt es auf Mykonos viele – in Kirchen, aber auch an Privathäusern.

Mit ein wenig Fantasie wird die Antike wieder lebendig: Die Ausgrabungsstätten von Delos (▶ S. 86) spiegeln die einstige Bedeutung der Region wider.

Touren und
Ausflüge

Das winzige Eiland Mykonos lässt sich bequem innerhalb eines Tages erkunden. Ein Ausflug zur berühmten Nachbarinsel Delos gehört zum Pflichtprogramm.

Große Inselrundfahrt – Zu den besten Stränden und Sehenswürdigkeiten

CHARAKTERISTIK: Die eintägige Autotour verläuft auf teils engen Küstenstraßen
DAUER: Tagesausflug **LÄNGE:** ca. 100 km **ANFAHRT:** Die Rundfahrt beginnt in Mykonos-Stadt **EINKEHRMÖGLICHKEIT:** Eliá Beach Restaurant (▶ MERIAN-Tipp, S. 65), Tel. 2 28 90/7 12 04, www.mykonoselia.com €€ • Restaurant Námmos (▶ S. 69), Psaroú Beach, Tel. 2 28 90/2 24 40, www.nammos.gr €€€
KARTE: ▶ KLAPPE VORNE

Da Mykonos an seiner breitesten Stelle nur 15 km aufweist, ist die Inselrundfahrt innerhalb eines Tages zu schaffen.

Mykonos-Stadt ▶ Ornós/Ágios Ioánnis

Sie beginnen mit der Rundfahrt in Mykonos-Stadt (Chóra). Von dort führt die Route zuerst zu den schönsten Stränden der Insel im Südwesten des Eilands: Vorbei an dem winzigen stadtnahen Strand Megáli Ámmos folgen Sie der Beschilderung Richtung Ornós, wo sich zu beiden Seiten einer schmalen Landbrücke wunderschöne Strände erstrecken. Nur einen Katzensprung ist es von hier zum reizvollen Strand von Ágios Ioánnis.

Ornós/Ágios Ioánnis ▶ Platís Gialós

Nun fahren Sie weiter, zunächst zurück in Richtung Mykonos-Stadt bis zur Abzweigung nach Platís Gialós. Kurz vor Platís Gialós führt rechts eine leicht zu übersehende steile Straße zum Sandstrand von Psaroú. Die Fahrt führt von hier nach Platís Gialós, einem der beliebtesten und im Sommer entsprechend gut besuchten Strände. Wenn Sie nun auf das Wasser umsteigen möchten, können Sie von dort aus mit den häufig verkehrenden **Badebooten** 8 die östlich gelegenen Strände besuchen. Wenn Sie lieber mit dem eigenen Fahrzeug unterwegs sind, folgen Sie der Straße Richtung Osten, die immer wieder vom Meer ins Landesinnere führt, bevor sie sich zur nächsten Bucht hinunterschlängelt.

Platís Gialós ▶ Super Paradise

Von Platís Gialós aus erreichen Sie die Strände Agía Ánna, Paránga und **Paradise Beach** 2. Der winzige Agía-Ánna-Strand ist der ruhigste, am Strand von Paránga sorgt der dortige Campingplatz für viel junges Publikum, und den 500 m langen Paradise Beach sollte man zumindest einmal gesehen haben. Östlich davon liegt der Strand Super Paradise. Auf der 150 m langen Flaniermeile heißt das immerwährende Motto: »Sehen und gesehen werden«.

An den weiter östlich folgenden Stränden Agrári und Eliá geht es wieder etwas ruhiger zu.

Áno Merá ▶ Kalafáti

Nach so viel Strandatmosphäre ist es an der Zeit, dem einzigen wirklichen Dorf der Insel, **Áno Merá** 9, einen Besuch abzustatten.

Das nächste Ziel der Erkundungstour heißt **Kaló Livádi** 1, südöstlich von Áno Merá. Da die Badeboote diesen Strand nicht ansteuern, finden Sie hier auch in der Hauptsaison ein ruhigeres Plätzchen mit netter

Taverne am östlichen Strandende. Auf der Küstenstraße fahren Sie anschließend weiter zum kleinen Strand **Agía Ánna** 🟥. Der anschließende ca. 900 m lange Strand **Kalafáti** 🟥 ist bei Surfern besonders beliebt.

Kalafáti ▶ Fokós

Je weiter Sie sich von Mykonos-Stadt entfernen, umso einsamer werden die Strände. Ruhe Suchenden sind deshalb die Strände **Liá** 🟥 und Tsángari zu empfehlen.

Áno Merá ▶ Mykonos-Stadt

Über Áno Merá fahren Sie zurück Richtung Mykonos-Stadt. Kurz hinter dem Dorf erblicken Sie rechts unten die Bucht von Fteliá – für erfahrene Surfer bei entsprechendem Wind eine beliebte Herausforderung. Weiter auf der Inselhauptstraße geht es, kurz bevor Sie die Stadt erreichen, rechts ab. Vorbei an dem für die Bewässerung so wichtigen Stausee Maráthi gelangen Sie bald zu den kleinen Stränden von Pánormos und Ágios Sóstis (ausgeschildert).

Mykonos-Stadt ▶ Toúrlos

Der Abschluss der Insel-Rundfahrt führt Sie von Mykonos-Stadt in den Nordwesten der Insel nach Toúrlos. Im neuen Hafen legen fast täglich Ozeanriesen und Luxusliner an. Gleich dahinter schließt sich Ágios Stéfanos an, dessen 300 m lange Badebucht von Tavernen und Bars gesäumt wird. Über die Bucht von Houlákia mit ihren dicken Kieselsteinen kommen Sie an prächtigen Villen vorbei und fahren hoch in die Berge bis zum Kap Armenistís. Vom dortigen Leuchtturm hat man einen eindrucksvollen Blick über die benachbarte Inselwelt. Zurück sollten Sie die Strecke über den Bergkamm zu Füßen des Profítis Ilías wählen. Bei Toúrlos erreichen Sie wieder die Küstenstraße und damit Mykonos-Stadt.

Wie eine moderne Festung wirkt diese behutsam in die Landschaft integrierte Villa aus Bruchstein an der Südküste (▶ S. 62) der Insel Mykonos.

Ausflug zur Nachbarinsel Delos 10 – Auf den Spuren der Götter

CHARAKTERISTIK: Der Bootsausflug führt zu den historischen Ausgrabungsstätten auf der unbewohnten Insel Delos **DAUER:** Tagesausflug **ANFAHRT:** Bootsverkehr Mykonos–Delos tgl. außer Mo ab 8.30 Uhr, letzte Rückfahrt von Delos um 15 Uhr **EINKEHRTIPP:** Caféteria neben dem Museum, tgl. 9–15 Uhr **KARTE:** ▶ S. 87

Die Insel Delos, in Sichtweite vor Mykonos, ist eine Welt für sich: eine Welt der Stille und des völligen Eintauchens in eine nur schwer rekonstruierbare Vergangenheit. Trotz seiner Länge von nur knapp 5 km und einer maximalen Breite von 1300 m galt dieses Eiland einst als Zentrum der Religion und des Handels im östlichen Mittelmeerraum. Geblieben ist davon ein riesiges Ausgrabungsfeld nebst Museum. 1990 hat die UNESCO die Insel aufgrund ihrer besonderen Bedeutung für die Apollon-Verehrung in die Liste des Weltkulturerbes aufgenommen.

Geschichte

Die frühesten Spuren der Besiedlung von Delos reichen bis ins 3. Jahrtausend v. Chr. zurück. Reste von Rundhäusern konnten auf Kynthos, dem höchsten Berg der Insel, ausgemacht werden. Mitte des 2. Jahrtausends waren es die Mykener, die die Insel besiedelt hatten, ihnen folgten die Ionier, die sich, vom Festland kommend, auf den Inseln niederließen. Der Sage zufolge hat die Apollon-Verehrung hier ihren Ursprung: Demnach fand die Göttin Leto, die ein Kind von Zeus erwartete, auf Delos Zuflucht vor Hera, der Gattin des Zeus. Am Fuße des Berges Kynthos gebar sie Apollon unter einer Palme. Um Apollon die Ehre zu erweisen, wurden insgesamt drei **Apollontempel** errichtet; der erste stammt aus dem 7. vorchristlichen Jahrhundert. Delos war so bedeutend, dass das reiche Naxos immer wieder versuchte, die Vorherrschaft über dieses Heiligtum zu erlangen.

Nachdem die Griechen die Perserkriege siegreich beendet hatten, wurde 477 v. Chr. der **Attisch-Delische Seebund** gegründet, zu dessen Sitz Delos bestimmt wurde. Hier bewahrte man auch die gemeinsame Kasse des Bundes auf. Immer wieder gelang es dem mächtigen Athen, die Vorherrschaft über Delos zu erringen. Bereits um 540 v. Chr. erfolgte auf Druck Athens hin die erste Reinigung – **Katharsis** – der Insel, wie sie von einem Orakelspruch verlangt

> **WUSSTEN SIE, DASS...**
>
> ... die Reinheit der Insel Delos es einst verbot, Tote auf der Insel zu begraben? Später war es sogar verboten, auf der Insel Kinder zur Welt zu bringen.

worden war. Die Gräber in der Umgebung des Apollontempels wurden zunächst an andere Stellen versetzt. 426 v. Chr. fand eine zweite Katharsis statt, mit der die Entfernung aller Gräber von der Insel und die Umbettung der Toten auf die Nachbarinsel Rhénia verbunden war.

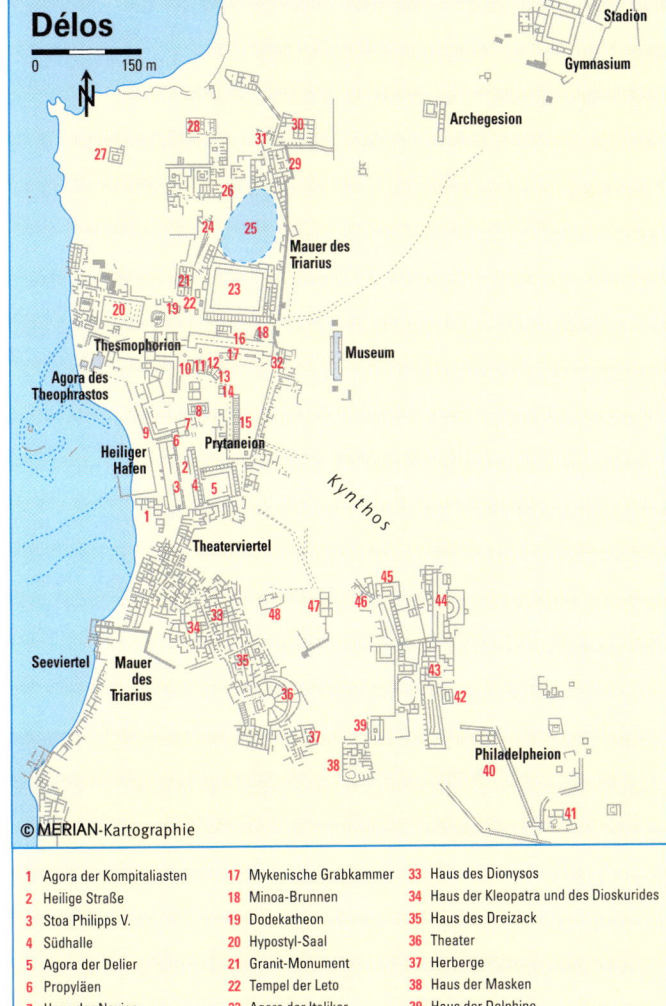

1 Agora der Kompitaliasten	17 Mykenische Grabkammer	33 Haus des Dionysos
2 Heilige Straße	18 Minoa-Brunnen	34 Haus der Kleopatra und des Dioskurides
3 Stoa Philipps V.	19 Dodekatheon	35 Haus des Dreizack
4 Südhalle	20 Hypostyl-Saal	36 Theater
5 Agora der Delier	21 Granit-Monument	37 Herberge
6 Propyläen	22 Tempel der Leto	38 Haus der Masken
7 Haus der Naxier	23 Agora der Italiker	39 Haus der Delphine
8 Apollontempel der Delier	24 Löwenterrasse	40 Kynthos-Höhle
9 Naxierhalle	25 Heiliger See	41 Kynthion-Heiligtum
10 Schatzhaus	26 Haus der Poseidoniasten	42 Heraion
11 Schatzhaus	27 Hügel-Haus	43 Serapeion C
12 Schatzhaus	28 Haus der Komödianten	44 Heiligtum der Syrischen Götter
13 Schatzhaus	29 See-Palästra	45 Haus des Inopos
14 Schatzhaus	30 Granit-Palästra	46 Serapeion A
15 Halle der Stiere	31 See-Haus	47 Hermes-Haus
16 Stoa des Antigonos	32 Heiligtum des Dionysos	48 Aphrodision

Auf Delos fanden prächtige Feiern und Wettkämpfe mit Tänzen, Liedern und Faustkämpfen statt, die sogenannten **Delia**, zu denen Teilnehmer aus der gesamten Ägäis und aus Kleinasien anreisten. Neue Apollontempel wurden errichtet, am Rande des Kultbezirkes entstanden zudem prächtige **Schatzhäuser** griechischer Staaten, die wertvolle Weihegeschenke bargen.

Zwischen 314 und 166 v. Chr. erlebte Delos eine Phase relativer Unabhängigkeit, mit der eine rasante wirtschaftliche Entwicklung einherging. Auch unter der römischen Vorherrschaft setzte sich dieser wirtschaftliche Höhenflug zunächst fort. Zu Beginn des 1. Jh. v. Chr. lebten vermutlich 25 000 Einwohner aus den verschiedensten Ländern und Regionen des östlichen Mittelmeeres auf Delos. Mit der Eroberung und Zerstörung durch König Mithridates von Pontos im Jahr 88 v. Chr. wurde der Niedergang von Delos eingeleitet, von dem sich die Insel nie mehr erholt hat.

Rundgang

Die Boote aus Mykonos bringen die Besucher an der Nordwestküste an Land, dort wo sich schon der antike Hafen befand. Nachdem man das Kassenhäuschen passiert hat, gelangt man zu einem großen gepflasterten Platz, der **Agora der Kompitaliasten (1)**. Der Platz wurde für Zusammenkünfte der Freigelassenen und Sklaven genutzt, die die Laren, römische Gottheiten, als ihre Schutzgötter ansahen. Doch auch andere Händler haben sich hier niedergelassen und ihre Altäre errichtet. Reste solcher Altäre blieben erhalten, darunter ein marmorner Rundaltar in der Mitte des Platzes und südlich davon ein rechteckiger Stufenaltar. Vorbei an einer halb-

Durch die Jahrhunderte stark beschädigt und verwittert: Bis zu 16 Löwenskulpturen sollen einst den Geburtsort des Apollon auf Delos bewacht haben.

runden marmornen Exedra – einem kleinen Ruheraum mit Bank – erreicht man im Nordosten des Platzes die **Heilige Straße (2)**, die von zwei Gebäuderesten gesäumt wird. Die Straße ist 13 m breit und führt zum Apollonheiligtum. Auf ihrer linken Seite erhob sich einst die **Philipps-Stoá (3)**, nach ihrem Stifter, dem makedonischen König Philipp V., benannt und um 210 v. Chr. Apollon geweiht. Die Optik des 72 m langen und 11 m breiten Gebäudes soll von dorischen Säulen geprägt gewesen sein. Auf der rechten Seite der Heiligen Straße erstreckte sich die **Süd-Stoá (4)**, ein 66 m langes und 13 m breites Gebäude, das im 3. Jh. v. Chr. von den Königen von Pergamon errichtet worden war. In diesem ebenfalls von 28 dorischen Säulen getragenen Monument wurden vermutlich Handels- und Bankgeschäfte abgewickelt. Direkt östlich schließt sich ein weiterer Handelsplatz an, der als **Agora der Delier (5)** bezeichnet wird. Säulengeschmückte Hallen umgaben ihn an drei Seiten, in der Mitte des rechteckigen Platzes fand man Reste einer Badeanlage.

Im Apollonheiligtum

Über die Heilige Straße kommt man nun zum Apollonheiligtum, einem trapezförmigen Gebilde mit den Ausmaßen 180 x 130 m, das vermutlich schon in mykenischer Zeit als Kultstätte genutzt wurde. Drei marmorne Stufen markieren die **Propyläen (6)**, den als Haupteingang genutzten Torbau mit seinen Resten von dorischen Säulen und einer Statue des Gottes Hermes. Auf der rechten Seite der Anlage befanden sich die Gebäude des Hauptheiligtums, weitere Gebäudereste liegen zur Linken, darunter das Heiligtum der Artemis, Schwester von Apollon (Artemision). Unmittelbar an den Torbau anschließend stößt man rechts auf das **Haus der Naxier (7)**, vermutlich im 6. Jh. v. Chr. von der Insel Naxos zu Ehren des Apollon aus weißem Marmor errichtet. Heute sind nur noch die Grundmauern erhalten. Um den Reichtum und die Bedeutung von Naxos für alle sichtbar zu machen, ließen die Naxier an der Nordseite des Hauses eine einst 9 m hohe, aus einem einzigen Block gearbeitete Marmorstatue aufstellen. Stolz verkündet die Inschrift auf dem 5 x 3,50 m großen Sockel: »Ich, Standbild und Sockel, bin aus demselben Marmor«. Reste dieses sogenannten **Naxier-Kolosses** liegen in der Nähe des Artemisions. Auf der rechten Seite schließen sich die Reste der drei Apollontempel an: zunächst der **Tempel der Delier (8)**, der größte und bedeutendste Tempel, dessen Errichtung 477 v. Chr. mit dem Beginn des Attisch-Delischen Seebundes verbunden war. Direkt daneben der »Tempel der Athener« aus dem 5. Jh. v. Chr. und der sogenannte Porós-Tempel, der älteste und kleinste der drei aus dem 6. Jh. v. Chr., von den damals noch nicht so einflussreichen Athenern erbaut.

Westlich des Torbaus erstreckte sich ein L-förmiges Gebäude, die **Naxier-Stoá (9)** aus dem 6. Jh. v. Chr. Genau dort, wo die beiden Gebäudeflügel zusammentrafen, erhob sich einst eine Bronzepalme, 417 von dem athenischen Feldherren Nikias errichtet. Noch in antiker Zeit soll sie von einem Sturm zu Boden geschleudert worden sein und dabei den Koloss von Naxos umgerissen haben. Reste der riesigen Statue von vierfacher Lebensgröße blieben nur wenige Schritte entfernt westlich des Artemisions erhalten. Das Artemision, Heiligtum für die Schwester des Apollon, markiert den Nordwesten des Apollonheiligtums und ist an seinen drei wieder aufgerichteten Säulen gut zu erkennen. Östlich des Artemisions mit seinen Gebäuderesten aus verschiedenen Epochen schlossen sich fünf Gebäude kreisförmig um den Apollontempel. Man hält die Bauwerke heute für **Schatzhäuser (10–14)**, in denen die Weihegeschenke verschiedener Städte aufbewahrt wurden. Etwas südöstlich davon erstreckt sich ein in seiner Form ungewöhnliches Gebäude, bekannt als **Halle der Stiere (15)**. Archäologen vermuten, dass der knapp 10 m breite und 67 m lange Saal einst ein Kriegsschiff als Geschenk barg.

Die Nordseite des Heiligtums wird von einem lang gestreckten Gebäude **(16)** begrenzt, einer 120 m langen und 10 m breiten Säulenhalle. Mit ihren 47 Frontsäulen muss die **Stoá** schon damals beeindruckend gewirkt haben. Das Mitte des 3. Jh. v. Chr. von König Antigonos, Sohn des makedonischen Königs Demetrios, erbaute und dem Apollon geweihte Gebäude diente wohl keinen wirtschaftlichen, sondern eher religiösen Zwecken. Vor der Stoá hat man eine **mykenische Grabkammer (17)** entdeckt, die vermutlich während der Katharsis nicht entfernt wurde, weil man sie für heilig hielt. Auf der anderen Seite der Stoá, an der Nordostseite des Heiligtums, befindet sich der sogenannte **Mínoa-Brunnen (18)**, ein im 6. Jh. v. Chr. über einer Quelle errichtetes Quellhaus.

Rund um den Heiligen See

Am westlichen Ende der Stoá vorbei liegen linker Hand zahlreiche Gebäudereste, darunter Teile des **Dodekatheons (19)**, das Heiligtum der zwölf Götter, zu denen auch Leto zählte. Unmittelbar anschließend in westlicher Richtung ein rechteckiger Bau, als **Hypostyl-Saal (20)** bezeichnet. Das 208 v. Chr. fertiggestellte Gebäude maß 56 x 34 m; das riesige Dach wurde von insgesamt 45 Säulen getragen. Die Funktion des Saals ist bis heute ungeklärt, möglicherweise diente er dem Getreidehandel. Unmittelbar nördlich des Dodekatheons sind Spuren eines früher beeindruckenden **Granitmonuments** mit einer Fläche von 40 x 20 m **(21)** erhalten. Der einst zweigeschossige Bau mit seinen zahlreichen Räumen stammt aus dem 2. Jh. v. Chr. und wurde vermutlich als religiöser Versammlungsort genutzt. Auf der anderen Seite des Weges erstreckt sich das **Letoon (22)**, ein der Göttin Leto geweihter Tempel. Unmittelbar dahinter der **Agora der Italiker (23)**, mit 68 x 48 m das größte Bauwerk auf Delos. Die ein Rechteck formenden, um 110 v. Chr. errichteten Gebäude dienten unterschiedlichen Zwecken: Läden waren hier ebenso zu finden wie eine Badeanlage in der Nordostecke.

Am Letoon vorbei erreicht man das Wahrzeichen von Delos, die berühmten **Marmorlöwen (24)**. Wie viele es von diesen stolzen Wächtern gegeben hat, ist unklar, man geht heute von bis zu 16 Löwen aus. Fünf von ihnen blieben vor Ort erhalten, auch wenn es sich dabei um Kopien handelt, während die Originale im Museum zu bewundern sind. Die auf ihren Hinterpfoten sitzenden

Die farbenprächtigen und detailgetreu gestalteten Fußbodenmosaike in den Häusern auf Delos geben den hohen Stand der antiken Mosaikkunst wieder.

Löwen blicken gen Osten auf den **Heiligen See (25)** direkt gegenüber. Der Sage nach soll dort die Geburtsstätte des Zeus-Sohns Apollon gelegen haben. Der im 19. Jh. zum Schutz vor Malaria trockengelegte See füllt sich nur im Frühjahr mit Wasser. Auch die Palme mitten im See stammt aus jener Zeit.

An vier wieder aufgestellten Säulen gut zu erkennen, erhebt sich nordwestlich der **Löwenterrasse** das **Haus der Poseidoniasten (26)**. Es war von Händlern und Kaufleuten aus Beirut errichtet worden, die neben anderen Göttern Poseidon verehrten. Weitere Häuser schließen sich in diesem Wohnviertel in nördlicher Richtung an, darunter das sogenannte **Hügel-Haus (27)**, eines der am besten erhaltenen Häuser von Delos. Die Wände des Gebäudes sollen mit prächtigen farbigen Malereien verziert gewesen sein. Weiter nördlich ein Gebäudekomplex, der aufgrund der dort gefundenen Friese mit komödiantischen Darstellungen als **Haus der Komödianten (28)** bezeichnet wird. Zu diesem Komplex zählt das Haus der Tritonen, dessen Mosaikfußboden ein fliegender Eros und ein Triton zierten: ein Zwitter, halb Mensch, halb Fisch (jetzt im Museum). Unmittelbar nördlich des Sees schließen sich zwei sogenannte Palästren an, sportliche Übungs- und Wettkampfstätten. Die **See-Palästra (29)** wurde im 3. Jh. errichtet, die **Granit-Palästra (30)** gleich daneben stammt aus dem 2. Jh. v. Chr. Beide Anlagen besaßen einen zentralen Hof mit einer Zisterne. Das **See-Haus (31)** neben den Übungsstätten besticht noch heute durch seinen Brunnen, seine Säulen und ein Fußbodenmosaik.

Aufgrund der beschränkten Zeit, die bei einem Besuch von Delos zur Verfügung stellt, werden die meisten Besucher das in nordöstlicher Richtung gelegene Stadion, Reste weiterer Heiligtümer und Wohnviertel nicht aufsuchen können. Der Weg führt deshalb weiter am See entlang Richtung Süden, bevor man linker Hand das Museum und die kleine Cafeteria erreicht.

Archäologisches Museum

Das Museum präsentiert Funde, die seit dem letzten Jahrhundert auf Delos gemacht wurden, darunter Reste des Koloss von Naxos sowie schöne Beispiele archaischer und hellenistischer Kunst.

Das Theaterviertel

Auf dem Weg zurück zum Ausgangspunkt unseres Rundgangs, dem Platz der Kompitaliasten, passiert man das Heiligtum des Dionysos, das **Stoibadeion (32)**. Unübersehbar die Reste zweier übergroßer Phalli auf Pfeilern, die augenscheinlich an den Dionysoskult erinnern. An der Südostecke der Kompitaliasten-Agora führt eine Straße in das sogenannte Theaterviertel, das einen Einblick in die Wohnarchitektur des 2. und 1. Jh. v. Chr. liefert. Die meisten Häuser waren damals um einen Innenhof herum angelegt. Zur Straße hin besaßen die Häuser keine Fenster, Licht erhielten die Räume über den Innenhof, in dessen Zentrum oft ein Brunnen stand. Die meisten der Häuser waren einstöckig, einige auch zweistöckig, die Wände häufig mit farbenfrohen Malereien verziert.

Auf der linken Seite des Weges sind Teile des **Dionysos-Hauses (33)** erhalten, sehenswert vor allem wegen des berühmten Fußbodenmosaiks, welches ein eindrucksvolles Beispiel für die hellenistische Mosaikenkunst darstellt. Das Kunstwerk zeigt den mit Flügeln ausgestatteten Gott Dionysos auf einem Tiger reitend und mit einem Kranz aus Weinblättern und Trauben geschmückt.

Schräg gegenüber des Dionysos-Hauses führt ein kleiner Stichweg zum **Haus der Kleopatra und des Dioskurides (34)**, an den beiden Statuen und den edlen weißen Säulen gut zu erkennen. Etwas weiter auf dem Hauptweg folgt auf der linken Seite das **Haus des Dreizacks (35)**. Die teilweise Rekonstruktion vermittelt einen guten Eindruck von der Größe der Häuser. Unter den gut erhaltenen Fußbodenmosaiken befindet sich die Darstellung eines Delfins, der sich um einen Anker windet, und ein mit Schleifen verzierter Dreizack, das namengebende Symbol des Hauses. Dem Hauptweg in südlicher Richtung folgend, erreicht man das im 3. Jh. traditionell halbkreisförmig angelegte **Theater (36)**. Es zählt im unteren Bereich 26 Sitzreihen, im oberen Abschnitt weitere 17 Reihen. Damit bot die Arena Platz für mehr als 5000 Menschen.

Vorbei am Theater geht es nun bergan, rechts ein Gebäudekomplex, der möglicherweise als **Herberge (37)** diente. Die dazugehörige Zisterne ist über 8 m tief und damit die größte auf Delos. Wir kommen zum **Haus der Masken (38)** mit einigen sehenswerten Fußbodenmosaiken, darunter Dionysos auf dem Rücken eines Panthers, Maskendarstellungen aus Komödien des antiken Theaters und ein tanzender Silen, ein Mischwesen aus Mensch und Tier. Gleich daneben das **Haus der Delfine (39)**, ein einst besonders reich ausgestattetes Haus mit einem faszinierend farbenfrohen Mosaikfußboden: Um das

Zentrum des Motivs gruppieren sich reich mit geometrischen Mustern und Tierköpfen geschmückte konzentrische Kreise.

Rund um Kynthos

Der bei großer Hitze etwas mühsame Aufstieg auf den Hügel Kynthos lohnt in erster Linie aufgrund des herrlichen Ausblicks, den man von dort genießen kann. Auf dem Weg nach oben kommt man an der gleichnamigen **Höhle** vorbei **(40)**, ein Heiligtum des Herakles aus dem 3. Jh. v. Chr. Besonders imposant erscheinen die mächtigen Granitplatten, die das Dach der Heiligtümer bilden. Die Heiligtümer auf dem Gipfel von **Kynthos (41)** sind wenig spektakulär; es wurden unter anderem Rundhütten entdeckt, die aus dem 3. Jahrtausend v. Chr. stammen. An den Fuß des Hügels zurückgekehrt, öffnet sich rechts ein etwas unübersichtlich wirkendes Gelände, das wichtige Heiligtümer fremder Götter barg, die Zuwanderer aus den verschiedensten Ländern mitgebracht haben. Vorbei am **Heraion (42)**, dem Tempel der Zeus-Gemahlin Hera, stößt man auf ein bedeutendes Heiligtum ägyptischer Götter, das sogenannte **Serapeion C (43)**. Am eindrucksvollsten ist die in Teilen wieder errichtete Fassade des Isis-Tempels mit zwei mächtigen Säulen und dem Kultbild der Isis. In dem sich weiter nördlich anschließenden **Gebäudekomplex (44)** wurden syrische Gottheiten verehrt, **Atargatis und Adados**. Ein winziges Theater gehört zu diesem Heiligtum, das um 100 v. Chr. errichtet wurde. Einige Schritte weiter stößt man auf eine große Zisterne. Malerisch mit seinen vier wieder errichteten Säulen zeigt sich das **Haus des Inopos (45)**. Etwas weiter unterhalb befindet sich das Haus mit der einen Säule, das sogenannte **Serapeion A (46)**, das seinen Namen von der einzigen Säule hat, die von einem schlichten geometrischen Mosaikfußboden in die Höhe ragt. Noch etwas weiter bergab passiert man das

Übergroße Phallus-Darstellungen erinnern an Dionysos, den Gott des Weins.

terrassenförmig angelegte **Haus des Hermes (47)**, eine der imposantesten Wohnanlagen auf Delos, die aus mindestens drei Stockwerken bestand. Vorbei an dem heute unscheinbar wirkenden kleinen **Tempel der Aphrodite (48)** erreicht man wieder die Hauptstraße durch das Theaterviertel und damit den Weg zurück zum Hafen.

INFORMATION
Archäologisches Museum
Tgl. 9–15 Uhr

Gespräch unter Mönchen im Innenhof des Panagía Tourlianí (▶ S. 71), dem Hauptkloster von Mykonos, das sich direkt am Dorfplatz von Áno Merá befindet.

Wissenswertes
über Mykonos

Nützliche Informationen für einen gelungenen Aufenthalt: Fakten über Land, Leute und Geschichte sowie Reisepraktisches von A bis Z.

Auf einen Blick

Mehr erfahren über Mykonos – Informationen über Land und Leute, von Bevölkerung über Politik und Sprache bis Wirtschaft.

AMTSSPRACHE: Neugriechisch
EINWOHNER: etwa 10 000
FLÄCHE: 86 qkm
HAUPTSTADT: Mykonos-Stadt, 6500 Einwohner
HÖCHSTER BERG: Profítis Ilías Anomerítis (364 m)
INTERNET: www.mykonos.gr
RELIGION: überwiegend griechisch-orthodox (mehr als 90 %)
SPRACHE: Neugriechisch
WÄHRUNG: Euro

Bevölkerung

Wie viele Einwohner das kleine Eiland hat, weiß wohl niemand so ganz genau – die Angaben schwanken zwischen 8000 und 12 000. Auf jeden Fall leben die meisten von ihnen in der Inselhauptstadt. Die Ungenauigkeit der Zahlen liegt wohl u. a. darin, dass viele Einwohner nicht ständig auf der Insel leben, sondern nur in der Saison von Mai bis Oktober. Darüber hinaus haben sich viele betuchte Griechen und auch Ausländer ein Haus auf Mykonos errichtet, das sie nur temporär als Zweitwohnsitz oder Feriendomizil nutzen.

Lage und Geografie

Mykonos liegt in der südlichen Ägäis und zählt zur Inselgruppe der Kykladen. In Sichtweite liegt das kleine Eiland Delos. Etwas weiter entfernt liegen im Norden die Insel Tinos und im Süden die Insel Naxos.

◄ Viele Saisonkräfte halten sich nur in den Sommermonaten auf der Insel Mykonos auf, um im Gastgewerbe zu arbeiten.

Politik

Griechenland erlebte Ende 2009 einen historischen politischen Machtwechsel. Die bislang oppositionelle Panhellenische Sozialistische Bewegung (Pasok) unter Georgios Papandreou gewann mit 44 % der Stimmen die Wahlen und erreichte damit gegenüber der letzten Wahl 2007 einen Zugewinn von 6 %. Mit 160 der 300 Mandate können die Sozialisten mit einer klaren absoluten Mehrheit im Parlament regieren. Die konservative Nea Dimokratia (ND) erhielt acht Prozentpunkte weniger als 2007 und kam mit rund 34 %, das schlechteste Wahlergebnis in der 34-jährigen Geschichte der Partei.

Religion

Auch wenn keine exakten Zahlen vorliegen, so ist doch sicher, dass weit über 90 % der Griechen der griechisch-orthodoxen Kirche angehören. Bis in die 1980er-Jahre hinein war eine kirchliche Trauung obligatorisch, erst Mitte der 1980er-Jahre wurde der Religionseintrag in Personalausweisen abgeschafft. Auch wenn die Trennung von Staat und Kirche immer noch nicht vollständig durchgesetzt ist – auf Mykonos ist der Einfluss der Kirche stark zurückgedrängt, wohl nicht zuletzt darum, weil das Inselgeschehen schon lange durch Handel und Tourismus bestimmt war.

Sprache

Griechisch ist sowohl Amts- als auch Umgangssprache. Da die Region jedoch sehr stark vom Tourismus geprägt ist, ist vor allem Englisch, aber auch Französisch, Italienisch und Deutsch weit verbreitet, sodass für ausländische Gäste nur selten Verständigungsprobleme auftreten.

Wirtschaft

Bis zum Aufkommen der Dampfschifffahrt waren Seehandel und Fischfang die wichtigsten Einkommensquellen der wenig fruchtbaren Insel. Nicht zuletzt ist es der Wind, der die landwirtschaftliche Nutzung auf Mykonos schwierig macht. Und so betreiben die Mykonioten die Landwirtschaft heute meist nur im Kleinen zur Selbstversorgung oder als Nebenerwerb. Mit Ausnahme einiger inseltypischer Spezialitäten wird alles mit Schiffen auf die Insel gebracht.

In der Vergangenheit war der Wind ein wichtiger Verbündeter der Einwohner von Mykonos. Die zahlreich vorhandenen Windmühlen zeugen noch heute davon. Der Wind sorgte dafür, dass dort nicht nur die Einheimischen ihr eigenes Getreide mahlen ließen, auch das Getreide von anderen Inseln wurde hier verarbeitet. Heute haben die Windmühlen ihre ursprüngliche Funktion verloren.

So bleibt der Tourismus als alles dominierender Wirtschaftzweig auf Mykonos. Dass die Saison auf den Zeitraum Mai bis Oktober begrenzt ist, führt zu einer enormen Verdichtung des Arbeitslebens in der Sommerzeit sowie dazu, dass viele Saisonkräfte beschäftigt werden, die die Insel im Herbst wieder verlassen. Die 2009 einsetzende tief greifende Wirtschafts- und Finanzkrise Griechenlands macht auch vor Mykonos nicht halt und ist in ihren Auswirkungen noch gar nicht abzuschätzen.

Geschichte

ca. 7000 v. Chr.
Älteste Siedlungsspuren auf den Kykladen. Funde deuten darauf hin, dass Mykonos seit dem mittleren und jüngeren Neolithikum bewohnt war.

5. Jahrtausend v. Chr.
Die erste nachweisbare prähistorische Siedlung entsteht bei Ftélia.

ca. 3200 v. Chr.
Entwicklung einer ersten Hochkultur auf den Kykladen. Die ältesten Spuren auf der Nachbarinsel Delos reichen bis in die Mitte des 3. Jahrtausends v. Chr. zurück.

ca. 2000 v. Chr.
Die Minoer gründen Handelsniederlassungen auf den Kykladen.

ca. 1500 v. Chr.
Die Mykener vertreiben die Minoer. Delos entwickelt sich erstmals zu einem Mittelpunkt religiöser Kulte. Auf Mykonos wird ein mykenisches Kuppelgrab entdeckt.

ca. 1100 v. Chr.
Die vom Festland her einwandernden Ionier übernehmen den Platz der Mykener. Auch für sie bleibt Delos ein wichtiges religiöses Zentrum.

7. Jh. v. Chr.
Delos steht im Mittelpunkt des Ionischen Inselbundes. Aus diesem Jahrhundert stammt der erste von drei Apollontempeln.

477 v. Chr.
Gründung des Attisch-Delischen Seebundes mit Sitz auf Delos, dem Mykonos wie die übrigen Ägäischen Inseln beitritt.

478–393 v. Chr.
Herrschaft Athens über Mykonos, welches jedoch das Recht zum Prägen eigener Münzen erhält.

166 v. Chr.
Die Römer erklären Delos zum Freihafen, Mykonos erlebt seine Blütezeit. Der Handel mit Waren aller Art, aber auch der Sklavenhandel begründen den neuen Reichtum der Insel: Bisweilen werden Tausende von Sklaven an einem Tag verkauft.

395–1204
Während der byzantinischen Herrschaftsepoche gehört Mykonos anfänglich zur Provinz Achaia, später werden mehrere Inseln, u. a. Mykonos, zu einer eigenen Verwaltungseinheit zusammengefasst.

1207–1390
Die Venezianer beherrschen die Ägäis.

1537
Die Osmanen unter Admiral Chaireddin Barbarossa übernehmen die Herrschaft über die Insel.

1615
Gründung der unabhängigen Gemeinde Mykonos.

um 1700
Die Seeleute aus Mykonos genießen einen hervorragenden Ruf. Historischen Zeugnissen zufolge sind mindestens 500 der rund 3000 Einwohner Seeleute.

Geschichte

1770–1774
Besetzung der Kykladen durch russische Truppen. An den Seeschlachten jener Jahre nehmen auch Seeleute aus Mykonos teil.

1821
Beginn des griechischen Freiheitskampfes.

1822
Im Oktober versuchen türkische Truppen eine Landung auf der Insel, die Invasion wird jedoch erfolgreich zurückgeschlagen. Unter Führung der Mykoniotin Mantó Mavrogénous (1796–1848) wird der Widerstand organisiert und finanziert.

1830
Anerkennung Griechenlands als eigenständiger Staat. In den folgenden Jahrzehnten gelingt es den Mykonioten durch Besinnung auf ihre alte Stärke, die Seefahrt und den Wohlstand auf der Insel erneut zu festigen. Schiffe aus Mykonos sind im gesamten Mittelmeer, im Schwarzen Meer und in der Nordsee unterwegs.

Mitte 19. Jh.
Viele Einwohner verlassen die Insel und emigrieren in andere Regionen Griechenlands, nach Russland, Bulgarien oder in die USA.

1. Hälfte 20. Jh.
Bereits zwischen den beiden Weltkriegen wird Mykonos als Tourismusziel entdeckt. Aus dem Jahr 1933 wird berichtet, dass über 2000 Menschen auf der Insel Urlaub machen. Auf Mykonos entsteht Griechenlands erster Badestrand für Männer und Frauen.

1941–1944
Die Kykladen werden von deutschen Truppen besetzt, der Widerstand auf den Inseln formiert sich. Auf der Insel Delos wird eine Funkstation betrieben, die den Alliierten wichtige Informationen liefert.

ca. 1955
Seit Mitte der 50er-Jahre entwickelt sich Mykonos verstärkt zu einem internationalen Reiseziel.

1967–1974
Nach dem Ende der Militärdiktatur entsteht in Griechenland eine Demokratie westlicher Prägung.

1981
Griechenland wird gleichberechtigtes Mitglied der Europäischen Gemeinschaft. Die Regierung stellt die sozialistische Partei Pasok unter Andréas Papandréou.

2002
Auch in Griechenland ersetzt der Euro die Drachme als Landeswährung.

2004
Zum zweiten Mal nach 1896 finden in Griechenland die Olympischen Sommerspiele statt.

2008
Als erster griechischer Ministerpräsident seit 49 Jahren besucht Kostas Karamanlis die Türkei. In Athen und anderen Städten protestieren Studenten gegen die Regierung.

2011
Griechenland leidet unter einer tief greifenden Wirtschaftskrise, die Folgen sind noch nicht abschätzbar.

Sprachführer Neugriechisch

In allen größeren Hotelanlagen wird auch deutsch gesprochen, in kleineren Hotels, in Restaurants und Souvenirgeschäften von Fall zu Fall. Hauptverkehrssprache im Tourismus ist Englisch. Orts- und Straßenschilder weisen fast immer eine Umschrift in lateinischen Buchstaben auf. Für diesen Reiseführer wurde nicht die international normierte Umschrift aus dem Griechischen gewählt, sondern eine, die deutschsprachigen Reisenden die richtige Aussprache griechischer Wörter möglichst erleichtert. So schreiben wir nicht nach traditioneller Art »Kalymnos«, sondern »Kálimnos«. Der Akzent zeigt die betonte Silbe an, mit einem Vokal beginnende, großgeschriebene Wörter (Eigen- und Ortsnamen) ohne Akzent werden stets auf der ersten Silbe betont. Für die Verständlichkeit ist richtige Betonung meist wichtiger als eine korrekte Aussprache! Als Faustregel für die Aussprache gilt, dass alle Silben kurz und die Vokallaute offen ausgesprochen werden.

Zum kleinen Grundwortschatz sollten die Zauberwörter »efcharistó« (danke) und »parakaló« (bitte) gehören und als Ausdruck von vielseitiger Verwendbarkeit »jássas«. Das sagt man zur Begrüßung (wie »Guten Tag«, »Grüß Gott« und »Grüezi«), zum Abschied (wie »Tschüss«, »Servus« und »Ade«) und beim Heben der Gläser (»Prosit«). Es bedeutet schlicht »Auf Ihre/Eure Gesundheit«. Die Griechen freuen sich, wenn ihre Besucher sich bemühen, zumindest einige Floskeln in der Landessprache zu beherrschen. Probieren Sie es einmal mutig aus!

Das griechische Alphabet

Großbuchstabe	Kleinbuchstabe	Name	Ausspracheregeln	Umschreibung
A	α	álfa	kurzes a wie in »Hand«	a
B	β	wíta	w wie in »Wonne«	w
Γ	γ	gámma	j wie in »Jonas« vor den Vokalen -i und -e, weiches g vor den übrigen Vokalen	j, g
Δ	δ	délta	wie stimmhaftes englisches th, z. B. in »the«	d, D
E	ε	épsilon	e wie in »Bett«	e
Z	ζ	síta	stimmhaftes s wie in »Rose«	s
H	η	íta	kurzes i wie in »Ritt«	i
Θ	θ	thíta	wie stimmloses englisches th, z. B. in »thanks«	th
I	ι	jóta	i wie in »Ritt«	i
K	κ	káppa	k wie in französisch »col«	k
Λ	λ	lámbda	l wie im Deutschen	l
M	μ	mi	m wie im Deutschen	m
N	ν	ni	n wie im Deutschen	n
Ξ	ξ	ksi	ks wie »Axt« oder »Lachs«	x
O	ο	ómikron	o wie »oft«	o

Groß-buch-stabe	Klein-buch-stabe	Name	Ausspracheregeln	Um-schrei-bung
Π	π	pi	p wie in französisch »pomme«	p
Ρ	ρ	ro	Zungenspitzen-R wie im Italienischen	r
Σ	σ,ς	sigma	stimmloses s wie in »Tasse«; stimmhaftes s wie in »Rose« vor stimmhaften Konsonanten	s, ss s
Τ	τ	taf	t wie in französisch »tableau«	t
Υ	υ	ípsilon	kurzes i wie in »Ritt«	i
			w wie in »Wonne« nach Alfa und Epsilon, wenn ein stimmhafter Konsonant folgt	w
			f wie in »Fehler« nach Alfa und Epsilon, wenn ein stimmloser Konsonant folgt	f
Φ	φ	fi	f wie in »Fehler«	f
Χ	χ	chi	ch wie in »ach« vor a-, o- und u-Lauten sowie vor Konsonanten	ch
			ch wie in »ich« vor e- und i-Lauten	ch
Ψ	ψ	psi	ps wie in »Pseudonym«	ps
Ω	ω	ómega	o wie in »oft«	o

Buchstabenkombinationen

ΑΙ	αι	álfa-jóta	e wie in »Bett«	e
ΕΙ	ει	épsilon-jóta	i wie in »Ritt«	i
ΟΙ	οι	ómikron-jóta	i wie in »Ritt«	i
ΟΥ	ου	ómikron-ípsilon	u wie in »bunt«	u
ΑΥ	αυ	álfa-ípsilon	af wie in »Affe« vor stimmlosen Konsonanten, in allen anderen Fällen aw wie in »Avus«	af aw
ΕΥ	ευ	épsilon-ípsilon	ef wie in »Effekt« vor stimmlosen Konsonanten, in allen anderen Fällen ew wie in »Beweis«	ef ew
ΓΓ	γγ	gamma-gamma	ng wie in »lang«	ng
ΜΠ	μπ	mi-pi	in Fremdwörtern (meist am Wort-anfang) wie deutsches b, in Wortmitte (außer bei Fremdwörtern) mb wie in »Amboss«	b mb
ΝΤ	ντ	ni-taf	wie oben: in Fremdwörtern ... wie deutsches d, im Wortinneren ... wie nd in »Anden«	d nd
ΓΚ	γκ	gamma kappa	wie oben: in Fremdwörtern ... wie deutsches g, im Wortinneren ... wie ng in »lang«	g ng

Wichtige Wörter und Ausdrücke

ja – nä
nein – óchi
vielleicht – íssos
bitte – parakaló
danke – efcharistó
Wie bitte? – oríste
und – kä
Ich verstehe nicht – Denn katalawéno
Entschuldigung – signómi
Guten Morgen – kaliméra
Guten Tag – kaliméra
Guten Abend – kalispéra
Gute Nacht – kaliníchta
Hallo – jássas
Ich heiße … – Mä léne …
Ich komme aus… – Íme ápo …
Wie geht's? – Ti kánete?
Wie spät ist es? – Tí ora ine?
Danke, gut – kalá
wer, was, welcher – pjoss, ti, pjoss
wie viel – Pósso
Wo ist … – Pu íne …
wann – Pótte
Wie lange … – Possón keró …
Sprechen Sie deutsch? – Miláte jermaniká?
Auf Wiedersehen – Adío
Wie wird das Wetter? – Poss tha íne o keróss?
heute – símera
morgen – áwrio

Zahlen

eins – énnas, mía, énna
zwei – dío
drei – tris, tría
vier – tésseris, téssera
fünf – pénde
sechs – éksi
sieben – eftá
acht – októ
neun – ennéa
zehn – dékka
20 – íkossi
30 – triánda
40 – saránda
50 – peninda
60 – eksínda
70 – efdomínda
80 – okdónda
90 – enneninda
100 – ekkató
1000 – chíljes
10 000 – dékka chiljádes

Wochentage

Montag – deftéra
Dienstag – tríti
Mittwoch – tetárti
Donnerstag – pémpti
Freitag – paraskewí
Samstag – sáwato
Sonntag – kiriakí

Unterwegs

Wie weit ist es nach … – Pósso makriá ine ja …
Wie kommt man nach … – Poss boró na páo ja …
Wo ist … – Pu íne …
 die nächste Werkstatt – to sinerjío edó kondá
 der Bahnhof/Busbahnhof – o stathmós trénon/leoforíon
 eine U-Bahn – énne stathmós tu elektrikú
 der Flughafen – to aerodrómio
 die Touristeninformation – to praktorío turistikón pliroforon
 die nächste Bank – mía trápesa edó kondá
 die nächste Tankstelle – éna wensinádiko edó kondá
Ich möchte … – Tha íthela …
Wissen Sie …? – Ksérete …?
Haben Sie …? – Échete …?
Wo finde ich … – Pu ine edó …
 einen Arzt – énnas jatrós
 eine Apotheke – éna farmakío

Bitte voll tanken! – Jemíste, parakaló!
Normalbenzin – wensíni aplí
Diesel – petréleo
bleifrei – amóliwdi
rechts/links/geradeaus – deksjá/aristerá/efthía
Ich möchte ein Auto/ein Fahrrad mieten – Thélo na nikjásso ena aftokínito/éna podilato
Wir hatten einen Unfall – Íchame éna atíchima
Eine Fahrkarte nach … bitte – Éna issitírjo ja … parakaló

Übernachten

Zimmer – domátio
Einzelzimmer – monóklino
Doppelzimmer – díklino
Bett – krewáti
Haus – spíti
Küche – kusína
Toilette mit Dusche – tualétta me dous
Bad – bánjo
Schlüssel – klidí
Preis – timí
Ich suche ein Hotel – Psáchno éna ksenodochío
Ich suche ein Zimmer – Psáchno éna domátjo
  für 2/3/4 Personen – ja dio/tría/téssera átoma
Haben Sie ein Zimmer frei? – Échete ena domátjo eléfthero?
  für eine Nacht – ja mía níchta
  für zwei Tage – ja dio méres
  für eine Woche – ja mía ewdomáda
Ich habe ein Zimmer reserviert – Éklissa éna domátjo
  mit Frühstück – mä pro-i-nó
  mit Halbpension – mä éna jéwma
Kann ich das Zimmer sehen? – Bóro nado to domátjo?
Ich nehme das Zimmer – Tha to páro
Kann ich mit Kreditkarte zahlen? – Bóro na plirósso mä pistotikí kárta?
Haben Sie noch Platz für ein Zelt/einen Wohnwagen? – Ipárchi akóma méros ja mía skiní/éna trochóspito?

Essen und Trinken

Die Speisekarte, bitte – Ton katálogo, sass parakaló
Die Rechnung, bitte – Ton logarjasmó, parakaló
Alles zusammen, bitte – Ólla masí, parakaló
Ich hätte gern einen Kaffee – Tha íthela éna kaffé
Ist dieser Stuhl noch frei? – Íne eléftheri aftí í thési?
Wo sind die Toiletten? – Pu íne i tualéttes?
  Damen/Herren – jinékes/ándres
Frühstück – pro-i-nó
Mittagessen – jéwma
Abendessen – dípno

Einkaufen

Wo gibt es …? – Pu échi, pu ipárchi?
Haben Sie …? – Échete …?
Wie viel kostet das? – Pósso échi/pósso kostísi?
Das ist sehr teuer – Íne polí akriwó
Geben Sie mir bitte 100 g/ein Pfund/ein Kilo – Dóste mu, sass parakaló ekkató grammária/místso kiló/éna kiló
Danke, das ist alles – Aftá, efcharistó
Briefmarken für einen Brief/eine Postkarte – grammatóssima ja éna grámma/ja mía kárta
  nach Deutschland/ – ja tin jermanía/
  Österreich/ – ja tin afstría/
  in die Schweiz – ja tin elwetía

Kulinarisches Lexikon

A
achládi (αχλάδι) – Salz
aláti (αλάτι) – Salz
arnáki (αρνάκι) – Lamm
arní (αρνί) – Hammel
  – me patátes (με πατάτες) – mit Kartoffeln
  – me piláfi (με πιλάφι) – mit Reis
áspro krassí (άσπρο κρασί) – Weißwein
astakós (αστακός) – Hummer
awgó, awgá (αυγό, αυγά) – Ei, Eier

B
bakaljáros (μπακαλιάρος) – Stockfisch
baklavás (μπακλαβάς) – Süßspeise aus Blätterteig mit Nüssen, Mandeln, Pistazien und Honig
bámjes (μπάμιες) – Okraschoten
barbúnia (μπαρμπούνια) – Rotbarben
briám (μπριάμ) – in Olivenöl gekochtes Gemüse
brisóla (μπριζόλα) – Kotelett (Rind oder Schwein)

C
chirinó (χοιρινό) – Schwein
choriátiki (χωριάτικη) – Bauernsalat mit Schafskäse
chórta (χόρτα) – (gekochtes) Grüngemüse
chtapódi xidáto (χταπόδι ξυδάτο) – marinierter Oktopussalat

D
diáfora orektiká (διάφορα ορετικά) – gemischte Vorspeisen
dolmádes (ντολμάδες) – mit Reis (selten mit Hackfleisch) gefüllte Weinblätter
domatósupa (ντοματόσουπα) – Tomatensuppe
dsadsíki (τζατζίκι) – Joghurt mit geriebener Gurke, Knoblauch, Zwiebeln und Olivenöl

E
eljés (ελιές) – Oliven
ellinikós (ελληνικός) – griechischer Kaffee

F
fassoláda (φασολάδα) – Bohneneintopf
fassólja (φασόλια) – Bohnen
fáwa (φάβα) – gelbes Linsenpüree
féta (φέτα) – weißer Schafskäse

G
gála (γάλα) – Milch
gígandes (γίγαντες) – Saubohnen
gliká (γλυκά) – Süßspeisen

I/J
jaúrti ajeládos (γιαούρτι αγελάδος) – Joghurt aus Kuhmilch
  – prówjo (πρόβειο) – aus Schafsmilch
jemistá (γεμιστά) – mit Reis (und ggf. Hackfleisch) gefüllte Tomaten und Paprikaschoten

K
kafés (καφές) – Kaffee
  – glikós (γλυκός) – süß
  – métrios (μέτριος) – leicht gesüßt
  – skéttos (σκέτος) – ungesüßt
kalamarákja (καλαμαράκια) – Tintenfische
karpúsi (καρπούζι) – Wassermelone
kefalotíri (κεφαλοτύρι) – Hartkäse
keftédes (κεφτέδες) – Hackfleischkugeln
kléftiko (κλέφτικο) – im Backofen geschmortes Lammfleisch mit Gemüse

kokkinistó (κοκκινιστό) – mit Tomaten gekochtes Fleisch
kókkino krasí (κόκκινο κρασί) – Rotwein
kolokithákia (κολοκυθάκια) – Zucchini
kotópoulo (κοτόπουλο) – Huhn
krassí (κρασί) – Wein
– chíma (χύμα) – offener Wein
kréas (κρέας) – Fleisch

L
lachaniká (λαχανικά) – Gemüse
ládi (λάδι) – Öl
lemóni (λεμόνι) – Zitrone

M
marídes (μαρίδες) – Sardellen, die frittiert mit Gräten, Kopf und Schwanz verzehrt werden
marúli (μαρούλι) – Romanasalat
méli (μέλι) – Honig
melitsánes (μελιτζάνες) – Auberginen
melitsanosaláta (μελιτζάνοσαλάτα) – kaltes Auberginenpüree
mesédes (μεζέδες) – Vorspeisen
mílo (μήλο) – Apfel
mos-chári (μοσχάρι) – Kalb
mussakás (μουσακάς) – Auberginenauflauf mit Hackfleisch, Kartoffeln und einer Béchamelsoße

N
neró (νερό) – Wasser
nescafé (νέσκαφέ) – Instant-Kaffee
– frappé (φραπέ) – kalt
– sestó (ζεστό) – heiß

O
orektiká (ορετικά) – Vorspeisen
oúzo (ούζο) – Anisschnaps

P
païdákja (παϊδάκια) – gegrillte Lammkoteletts
pastítsio (παστίτσιο) – aus Nudeln, Hackfleisch und Tomaten geschichteter Auflauf
patátes (πατάτες) – Kartoffeln
– tiganités (τηγανιτές) – Pommes frites
piláfi (πιλάφι) – Reis, Risotto
pipéri (πιπέρι) – Pfeffer
portokáli (πορτοκάλι) – Orange
psári, psárja (ψάρι, ψάρια) – Fisch, Fische
psomí (ψωμί) – Brot

R
rísi (ρύζι) – Reis
rodákino (ροδάκινο) – Pfirsich

S
sáchari (ζάχαρι) – Zucker
saganáki (σαγανάκι) – gegrillter oder überbackener Käse
saláta (σαλάτα) – Salat
simariká (ζυμαρικά) – Teiggerichte, auch Pasta
skórdo (σκόρδο) – Knoblauch
spanáki (σπανάκι) – Spinat
spanakópita (σπανακόπιτα) – mit Spinat gefüllter Blätterteig
stifádo (στιφάδο) – eine Art Gulasch aus Rindfleisch oder Hase mit Zwiebeln
suwláki (σουβλάκι) – Schweinefleischspießchen

T
taramosaláta (ταραμοσαλάτα) – Fischrogenpüree
tirí (τιρί) – Schafskäse
tirópitta (τυρόπιτα) – Käsetasche
tis scháras (της σχάρας) – vom Grill
tónnos (τόνος) – Tunfisch
tsipúra (τσιπύρα) – Dorade

W
wodinó (βοδινό) – Rind
wútiro (βούτυρο) – Butter

Reisepraktisches von A–Z

ANREISE

MIT DEM FLUGZEUG

Mykonos wird während der Sommermonate von mehreren großen Flughäfen in Deutschland, Österreich und der Schweiz direkt angeflogen. Einige Flugverbindungen sehen einen kurzen Zwischenstopp auf der Nachbarinsel Santorin vor. Während der Saison von Anfang Mai bis Ende Oktober verkehren Charterflüge und Low-Cost-Airlines wie Germanwings ab ca. 29 € auf die Insel. Ein Flug dauert, je nach Abflugort, ca. 3 Std. Außerhalb der Hauptsaison ist man auf den weitaus teureren Linienflug über Athen angewiesen. Es empfiehlt sich, den knapp einstündigen Weiterflug von Athen nach Mykonos rechtzeitig zu reservieren, da die Verbindung auch im Sommer rasch ausgebucht ist. Viele Athener flüchten aus der sommerlichen Hitze der Stadt in das weitaus angenehmere Klima von Mykonos. In den Wintermonaten verkehren die Maschinen außerdem nicht mehr täglich. Weitere Flugverbindungen bestehen nach Kreta (Iraklion), Rhodos und Santorin. Detaillierte Auskünfte über Verbindungen und Platzkapazitäten erhält man bei Olympic Airways, der nationalen griechischen Fluggesellschaft (www.olympic-airways.gr und www.olympic-airways.de), sowie bei Aegean Airlines (www.aegeanair.com).

Der kleine Flughafen, seit 1986 in Betrieb und nur mit bescheidenen Serviceeinrichtungen ausgestattet, liegt 3 km außerhalb der Stadt. Für Pauschaltouristen stehen Transferbusse zu den gebuchten Hotels bereit. Da die Entfernungen auf der Insel sehr gering sind, erreicht man damit zügig sein Quartier. Individualtouristen nutzen am besten die preisgünstigen Taxis zur Weiterfahrt. Es gelten für bestimmte Entfernungen feste Tarife, sodass die Kosten gut kalkulierbar sind.

Auf www.atmosfair.de und www.myclimate.org kann jeder Reisende durch eine Spende für Klimaschutzprojekte für die CO_2-Emission seines Fluges aufkommen.

MIT DEM SCHIFF

Vom italienischen Hafen Ancona erreicht man das griechische Festland – je nach Fähre – in 20 bis 36 Stunden. Von dort geht es weiter nach Piräus oder Rafína, von wo Verbindungen nach Mykonos bestehen, zumeist mit Zwischenstopps. Vom Festland aus dauert die Fahrt etwa 4–6 Std. Bei sehr stürmischer See kann es passieren, dass der Hafen von Mykonos nicht angelaufen werden kann und man unter Umständen einen mehrtägigen Zwischenstopp auf einer anderen Insel einlegen muss. Schnellboote erreichen Mykonos bereits in 2–3 Std., sind allerdings noch anfälliger bei rauer See. Eine Fahrt mit dem Schnellboot kostet etwa 40 €. Eine Fahrt mit einem der großen Fährschiffe ist mit 7 bis 20 € etwas günstiger.

Echte Griechenland-Fans schwören auf das »Island Hopping«, das mittlerweile auch einige Reiseveranstalter in ihr Programm aufgenommen haben. Wer seinen Urlaub nicht auf einer einzigen Insel verbringen möchte, hat so die Möglichkeit, verschiedene Kykladeninseln kennenzulernen. Für den Transport nutzt man die zahlreichen Fährverbindungen. Die Zentrale für Fremdenverkehr gibt jährlich die aktualisierte Broschüre »Innergriechische Fährverbindungen« heraus, die eine Übersicht über Verbindungen und Preise enthält.

Reedereien
– Anek Lines: www.anek.gr
– Blue Star Ferries: www.bluestarferries.com
– Minoan Lines: www.minoan.gr
– Superfast Ferries: www.superfast.com
– Ventouris Ferries: www.ventouris.gr

Informationsbüro
– Hafenbehörde Mykonos •
Tel. 2 28 90/2 22 18
– Hafenbehörde Piräus •
Tel. 2 10/4 51 13 11
– Hafenbehörde Rafína •
Tel. 2 29 40/2 23 00

AUSKUNFT

IN DEUTSCHLAND, ÖSTERREICH UND DER SCHWEIZ

Griechische Zentrale für Fremdenverkehr (EOT)
– Wittenbergplatz 3 A, 10789 Berlin •
Tel. 0 30/2 17 62 62 • www.gzf-eot.de
– Opernring 8, 1010 Wien •
Tel. 01/5 12 53 17 • www.gzf-eot.de
– Löwenstr. 25, 8001 Zürich •
Tel. 01/2 21 01 05 • www.gzf-eot.de

AUF MYKONOS

Eine offizielle Informationsstelle für Touristen ist auf Mykonos nicht vorhanden.
Bei Problemen kann man sich an die Touristenpolizei (Tel. 2 28 90/2 24 82) am Hafen wenden oder an das Informationsbüro der Gemeinde Mykonos (Tel. 2 28 90/2 24 82).

BUCHTIPPS

Lawrence Durrell: Griechische Inseln (Rowohlt, 1978) Der große Griechenlandkenner und Schriftsteller, dem wir so viele Bücher über griechische Inseln und die griechische Mentalität verdanken, singt ein Loblied auf Mykonos und das benachbarte Delos. Zurzeit nur in Büchereien und Antiquariaten erhältlich.

Martina Kempff: Die Rebellin von Mykonos (Piper, 2007) In diesem spannenden Roman schildert die Autorin den Weg der jungen Mando von einer verwöhnten Tochter aus reichem Haus zur Anführerin des Freiheitskampfes der Mykonioten gegen die Osmanen im 19. Jh.

Níkos Katzantzákis: Im Zauber der griechischen Landschaft (Ullstein TB, 2007) Einfühlsame Beschreibung sagenumwobener Landschaften des bedeutenden griechischen Schriftstellers.

Rudi Lause: Nix los auf Mykonos? Griechische Inseln – Drei Urlaubsromane für Kinder (Books on Demand, 2001) Der Autor hat in seinem Sammelband drei Romane für Kinder zusammengefasst, wovon einer auf Mykonos spielt. Im Roman geht es um die beiden Freunde Christian und Stratos, die gemeinsam Jagd auf einen unfallflüchtigen Autofahrer machen und dabei Spannendes erleben.

DIPLOMATISCHE VERTRETUNGEN

Botschaft der Bundesrepublik Deutschland

Karaoúli ke Dimitríou 3, 10675 Athen •
Tel. 2 10/7 28 51 11

Österreichische Botschaft Athen

Vasilissis Sofias 4, 10683 Athen •
Tel. 2 10/7 25 72 70

Schweizerische Botschaft
Iassíou 2, 11521 Athen • Tel. 2 10/
7 23 03 64

FEIERTAGE

An den nationalen Feiertagen sind alle Büros, Behörden, Banken und die meisten Geschäfte geschlossen. Reisebüros, Autovermietungen und Souvenirläden haben geöffnet.

1. Jan. Neujahr und Fest des hl. Vassilis
6. Jan. Dreikönigstag
25. März Nationalfeiertag
Karfreitag
Ostermontag
1. Mai Tag der Arbeit
Pfingstmontag
15. Aug. Mariä Himmelfahrt
28. Okt. Óchi-Tag: Nationalfeiertag
25./26. Dez. Weihnachten

GELD

Landeswährung ist hier seit 2002 der Euro (hier Ewró ausgesprochen; statt Cents sagen die Griechen Leptá). Bargeld kann mit EC-/Maestro-Karte oder Kreditkarte an den zahlreichen Bargeldautomaten der Banken abgehoben werden.

Öffnungszeiten der Banken: Mo–Fr 8–14 Uhr, in der Hauptsaison zum Teil auch länger.

Kreditkarten werden von den meisten Hotels, Restaurants und Mietwagenfirmen akzeptiert.

INTERNET

www.sonnenziele.net/ mykonos.htm
Ein erster kurzer Überblick über Landschaft, Sehenswürdigkeiten, Strände und Nachtleben (deutsch).
www.schwarzaufweiss.de/ griechenland/mykonos1.htm
Die Reisereportage informiert über den ökologischen Weinbau auf der Insel, gibt einen kurzen Gesamtüberblick und praktische Tipps (deutsch).
www.mykonosgreece.com
Zahlreiche Hotelauskünfte und allgemeine Informationen (englisch).
www.artistsofmykonos.com
Die Seite stellt die auf der Insel lebenden Künstler Brian Piccini, Monika Derpapas und Richard James North vor, die auch eine Galerie auf Mykonos (in der Altstadt) betreiben (englisch).
www.travel-to-mykonos.com
Überblick über die wichtigsten Sehenswürdigkeiten der Insel, auch Infos über Hotels, Restaurants, Strände und Einkaufsmöglichkeiten.

MEDIZINISCHE VERSORGUNG
KRANKENVERSICHERUNG

Die Vorlage einer Europäischen Krankenversicherungskarte (EHIC) ist ausreichend. Als zusätzlicher Versicherungsschutz empfiehlt sich der Abschluss einer Auslandskrankenversicherung, da diese Krankenrücktransporte mitversichert.

KRANKENHAUS

Es gibt in Mykonos-Stadt ein Health Centre (Tel. 2 28 90/2 39 98), ein Private Medical Centre (Tel. 2 28 90/ 2 42 11) und eine Erste-Hilfe-Station (Tel. 2 28 90/2 22 74), außerdem eine Erste-Hilfe-Station in Áno Merá (Tel. 2 28 90/7 13 95).

APOTHEKEN

In Urlaubszentren sind sie in der Regel von Mo–Fr ganztägig geöffnet.

NOTRUF

Euronotruf Tel. 112
(Polizei, Feuerwehr, Rettungsdienst)

POST

Postämter sind Mo–Fr 7.30–14 Uhr geöffnet. Postkarten nach Mitteleuropa werden mit 0,70 € frankiert. Die Briefkästen sind gelb.

REISEDOKUMENTE

Deutsche, Österreicher und Schweizer können mit einem gültigen Reisepass oder Personalausweis (Identitätskarte) einreisen. Kinder unter 16 Jahren müssen im Pass eines Elternteils eingetragen sein oder benötigen einen Kinderausweis (ab 10 Jahren mit Lichtbild) bzw. Kinderreisepass.

REISEKNIGGE

Die stärksten Unterschiede zwischen Mitteleuropäern und Griechen bestehen in Gestik und Mimik. Lachen ist nicht immer ein Ausdruck von Freundlichkeit, sondern kann durchaus ein Zeichen von Wut sein. Auch das bei uns verbreitete Winken kann als Geste der Beleidigung verstanden werden, ein Kopfnicken wird sogar als »nein« verstanden, ein Kopfschütteln, begleitet von einem »nä«, bedeutet »ja«.

FKK

Auch wenn Nacktbaden in Griechenland offiziell verboten ist, gehört FKK an einigen Stränden zum üblichen Bild auf Mykonos. Schnell merkt der Besucher, wo Nacktbaden toleriert wird. Am Paradise Beach und Super Paradise Beach ist dies der Fall. »Oben ohne« hat sich weitgehend durchgesetzt. Man sollte sein Verhalten jedoch auf die jeweiligen Umstände abstimmen, da die Moralvorstellungen der meisten Griechen nicht unseren heimischen entsprechen.

NEBENKOSTEN

1 Tasse Kaffee	1,00–3,00 €
1 Bier	2,00–4,00 €
1 Cola	1,00–3,00 €
1 Brot (ca. 500 g)	0,70–1,50 €
1 Schachtel Zigaretten	2,00–2,50 €
1 Liter Benzin	ca. 1,20 €
Fahrt mit öffentl. Verkehrsmitteln	1,10–1,50 €
Mietwagen/Tag	ab 40,00 €

FOTOGRAFIEREN

Beim Fotografieren von Einheimischen sollte man wie überall die notwendige Zurückhaltung wahren und im Zweifelsfall lieber um Einverständnis bitten. Auf Delos darf man überall ungehindert fotografieren, allerdings ist in den Museen beider Inseln die Benutzung eines Blitzlichtes und Stativs nicht gestattet.

KLEIDUNG

Auch wenn die einheimische Bevölkerung einiges gewohnt ist, sollten Badehose und Bikini nur am Strand getragen werden. Zum Essen oder für den Stadtbummel sind zumindest kurze Hosen und ein T-Shirt angemessen. Für den Besuch von Kirchen und Klöstern ist Schulter und Knie bedeckende Kleidung vorgeschrieben.

TRINKGELD

Bei zufriedenstellendem Service sind 5 bis 10 Prozent Trinkgeld angemessen.

REISEWETTER

Die Saison auf Mykonos reicht von Anfang Mai bis Ende Oktober. Das Wetter ist in dieser Zeit recht stabil, also warm und trocken. Im Frühjahr und Herbst kommt es gelegentlich zu Regenschauern. Auch wenn während der Hauptreisezeit im Juli und August die Quecksilbersäule bisweilen auf über 30 °C ansteigt, so sorgt doch der auf Mykonos fast beständig wehende Wind für erträgliche Verhältnisse. Wenn allerdings der gefürchtete Meltémi aus Nordosten über die Insel fegt und die Haut wie Sandpapier anraut, bekommt das Gesicht so manchen Sonnenanbeters grimmige Züge. Für diesen Fall sollte man – auch in den heißen Sommermonaten – eine Windjacke, Pullover und lange Hosen einpacken. In der Vor- und Nachsaison im Frühjahr und Herbst gehört Regenschutz ebenso ins Gepäck wie wärmere Übergangskleidung für die Abendstunden. Baden ist auf Mykonos während der gesamten Saison möglich, wobei die Wassertemperatur im Mai mit rund 18 °C noch ziemlich frisch ist. An felsigen Stränden und auf heißem Sand erweisen sich Badeschuhe als sehr hilfreich, eine Kopfbedeckung als Sonnenschutz ist auf jeden Fall angebracht.

Ende Oktober schließen die meisten Hotels auf Mykonos, nur wenige bleiben während der Wintersaison geöffnet, obwohl die Temperaturen auch in den Wintermonaten häufig mild sind. Fast alle Restaurants, Bars und Geschäfte der Insel haben während dieser Zeit geschlossen, das Leben ist ganz auf die Bedürfnisse der Einheimischen ausgerichtet.

STROMSPANNUNG

220 Volt Wechselstrom; die bei uns üblichen Stecker können fast überall ohne Adapter verwendet werden.

TELEFON
VORWAHLEN

D, A, CH ▶ Griechenland 00 30
Griechenland ▶ D 00 49
Griechenland ▶ A 00 43
Griechenland ▶ CH 00 41

Bei Gesprächen von Griechenland nach Deutschland, Österreich oder in die Schweiz entfällt nach der Landesvorwahl grundsätzlich die Null der Ortsvorwahl. Dies gilt nicht für Gespräche nach Griechenland. Hier ist immer die vollständige zehnstellige Teilnehmernummer zu wählen. Auch innerhalb Griechenlands gibt es keine Vorwahlnummern, die weggelassen werden könnten. Abgesehen von einigen Notrufnummern ist jede Nummer zehnstellig.

Mittelwerte	JAN	FEB	MÄR	APR	MAI	JUN	JUL	AUG	SEP	OKT	NOV	DEZ
Tagestemperatur	14	14	16	19	22	26	27	26	25	21	19	16
Nachttemperatur	9	9	10	12	15	19	22	22	20	17	13	11
Sonnenstunden	3	5	5	7	9	10	10	10	9	7	6	4
Regentage pro Monat	8	8	6	3	1	1	0	0	1	3	5	9
Wassertemperatur	15	14	14	15	18	21	23	24	23	20	18	16

Für das Telefonieren ist in Griechenland nicht die Post, sondern die staatliche Telefongesellschaft OTE zuständig. Öffentliche Fernsprechapparate funktionieren auf Mykonos nur mit Telefonkarten; Karten gibt es ab 3 € von 100 bis 1000 Einheiten. Sie erhalten sie in Geschäften, an Kiosken und bei der OTE.

TIERE

Hunde und Katzen benötigen zur Einreise einen EU-Heimtierausweis (stellt der Tierarzt aus) mit Nachweis einer Tollwutimpfung. Das Tier muss durch einen Mikrochip identifizierbar sein.

TRINKWASSER

Das Leitungswasser kann zum Zähneputzen verwendet werden, zum Trinken sollte man jedoch besser Mineralwasser verwenden. Da Wasser auf Mykonos knapp ist und im Sommer manchmal mit Tankschiffen angeliefert werden muss, sollte man sparsam damit umgehen.

VERKEHR
AUTO

Die meisten Straßen, auch die Verbindungen zu den wichtigsten Stränden auf Mykonos, sind asphaltiert. Allerdings sind sie oft eng und unübersichtlich, sodass erhöhte Aufmerksamkeit notwendig ist. Da ist zur eigenen Sicherheit Hupen oftmals erforderlich. Lediglich zu den entfernten Stränden im Osten der Insel führen Staubpisten, die man am besten mit einem Jeep befährt. Da Mykonos-Stadt für Autos gesperrt ist, muss man sein Fahrzeug auf einem der Parkplätze am Stadtrand abstellen und den Rest zu Fuß gehen.

BUSSE

Auf Mykonos kann man sich sehr preiswert mit öffentlichen Bussen fortbewegen. Von zwei Busterminals in Mykonos-Stadt aus erreicht man die wichtigsten Ziele der Insel. Unweit des Fährhafens hinter dem Archäologischen Museum in der Odós Polikandrióti starten die Busse nach Toúrlos und Ágios Stéfanos, nach Áno Merá und zum Eliá-Strand sowie nach Kalafátis. Das zweite Busterminal, Láka genannt, liegt im Süden am Ende der Odós Xénias am Fábrika-Platz. Von hier starten die Busse nach Ornós, Psaroú, Platís Gialós und Ágios Ioánnis, zum Paradise Beach und nach Paránga. In der Nebensaison verkehren die Busse weitaus seltener als während der Sommermonate. Der Preis für eine Kurzstrecke beträgt 1,60 €, für eine Langstrecke 1,90 €. Die Nachtbusse zwischen 0.15 und 6 Uhr früh kosten 2 €. Die Strände Super Paradise, Agrári und Kaló Livádi sind nicht mit Bussen erreichbar.

MIETFAHRZEUGE

Ob offener Jeep mit Allradantrieb, praktischer Kleinwagen, Motorrad, Vespa oder Mofa – die Palette an Mietfahrzeugen ist groß, ebenso wie die Zahl der Vermietstationen. Da es im Sommer nicht selten zu Unfällen kommt, bei denen Alkohol im Spiel ist, ist besonders die Fahrt mit einem Zweirad nicht ohne Risiko.

Mietwagen gibt es ab ca. 350 € pro Woche, Mofas ab ca. 10–16 € pro Tag, Mietautos sollte man vor der ersten Fahrt auf den Zustand des Reservereifens untersuchen.

Tankstellen: ECO, Richtung Platís Gialós und in Áno Merá; BP, Richtung Áno Merá, Shell, in Stadtnähe.

TAXIS

Auf Mykonos gibt es offizielle, verbindliche Tarife zwischen verschiedenen Punkten. Die Kosten einer Taxifahrt sind damit gut abzuschätzen. Noch günstiger wird die Fahrt, wenn Sie sich ein Taxi mit anderen Fahrgästen teilen. Falls Sie zu einer bestimmten Uhrzeit Taxi fahren möchten, sollten Sie frühzeitig reservieren, da die Zahl der Taxis begrenzt ist. Besonders nachts ist häufig mit längeren Wartezeiten zu rechnen. Der zentrale Stellplatz befindet sich an der Platía Mavrogénnous.
Taxi-Ruf Tel. 2 28 90/2 24 00 (tagsüber), 2 28 90/2 37 00 (nachts)

WASSERTAXIS

Von Platís Gialós aus (etwas seltener auch von Ornós aus) verkehren Badeboote zu den Stränden der Südküste bis zum Strand Eliá. Die Abfahrtszeiten, die sich auch nach dem jeweiligen Besucherandrang richten, werden auf einer Tafel im Hafen bekannt gegeben. Die Badeboote sind ein sehr beliebtes Fortbewegungsmittel bei jüngeren Besuchern.

ZEIT

In Griechenland gilt die Osteuropäische Zeit (MEZ +1 Std.).

ZOLL

Reisende aus Deutschland und Österreich dürfen Waren abgabenfrei mit nach Hause nehmen, wenn diese für den privaten Gebrauch bestimmt sind. Bestimmte Richtmengen sollten jedoch nicht überschritten werden (z. B. 800 Zigaretten, 90 l Wein, 10 kg Kaffee). Weitere Auskünfte unter www.zoll.de und www.bmf.gv.at/zoll.

Reisende aus der Schweiz dürfen Waren im Wert von 300 SFr abgabenfrei mit nach Hause nehmen, wenn diese für den privaten Gebrauch bestimmt sind. Tabakwaren und Alkohol fallen nicht unter diese Wertgrenze und bleiben in bestimmten Mengen abgabenfrei (z. B. 200 Zigaretten, 2 l Wein). Weitere Auskünfte unter www.zoll.ch.

ENTFERNUNGEN (IN KM) ZWISCHEN WICHTIGEN ORTEN

	Ágios Ioánnis	Ágios Sóstis	Áno Merá	Chóra (Mykonos-Stadt)	Eliá	Fteliá	Kalafáti	Liá	Ornós	Paradise Beach
Agios Ioánnis	–	10	11	5	13	9	15	16	2	6
Ágios Sóstis	10	–	9	7	14	7	13	14	10	11
Áno Merá	11	9	–	8	6	5	8	7	8	8
Chóra (Mykonos-Stadt)	5	7	8	–	11	6	11	12	3	5
Eliá	13	14	6	11	–	6	7	7	13	5
Fteliá	9	7	5	6	6	–	6	7	8	6
Kalafáti	15	13	8	11	7	6	–	3	14	7
Liá	16	14	7	12	7	7	3	–	14	14
Ornós	2	10	8	3	13	8	14	14	–	2
Paradise Beach	6	11	8	5	5	6	7	9	2	–

Kartenatlas
Maßstab 1:40 000

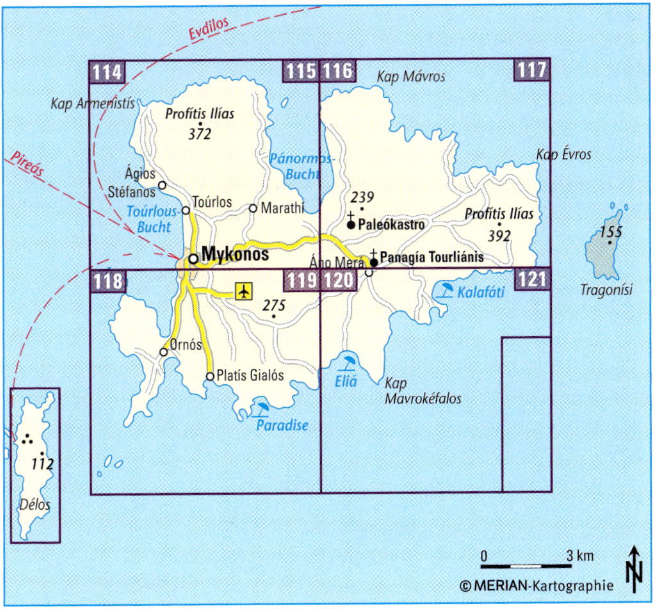

Legende

Routen und Touren
- Große Inselrundfahrt (S. 84) Start: S. 118, C9

Sehenswürdigkeiten
- MERIAN-TopTen
- MERIAN-Tipp
- Sehenswürdigkeit, öffentl. Gebäude
- Sehenswürdigkeit Kultur
- Sehenswürdigkeit Natur
- Kirche; Kloster
- Kirchen-; Klosterruine
- Schloss, Burg; Ruine
- Museum
- Denkmal
- Leuchtturm
- Windmühle
- Archäologische Stätte

Verkehr
- Autobahn
- Autobahnähnliche Straße
- Fernverkehrsstraße
- Hauptstraße
- Nebenstraße
- Unbefestigte Straße, Weg
- Fußgängerzone
- Parkmöglichkeit
- Busbahnhof
- Bushaltestelle
- Taxistand
- Schiffsanleger
- Flughafen
- Flugplatz

Sonstiges
- Information
- Theater
- Markt
- Camping
- Strand
- Aussichtspunkt

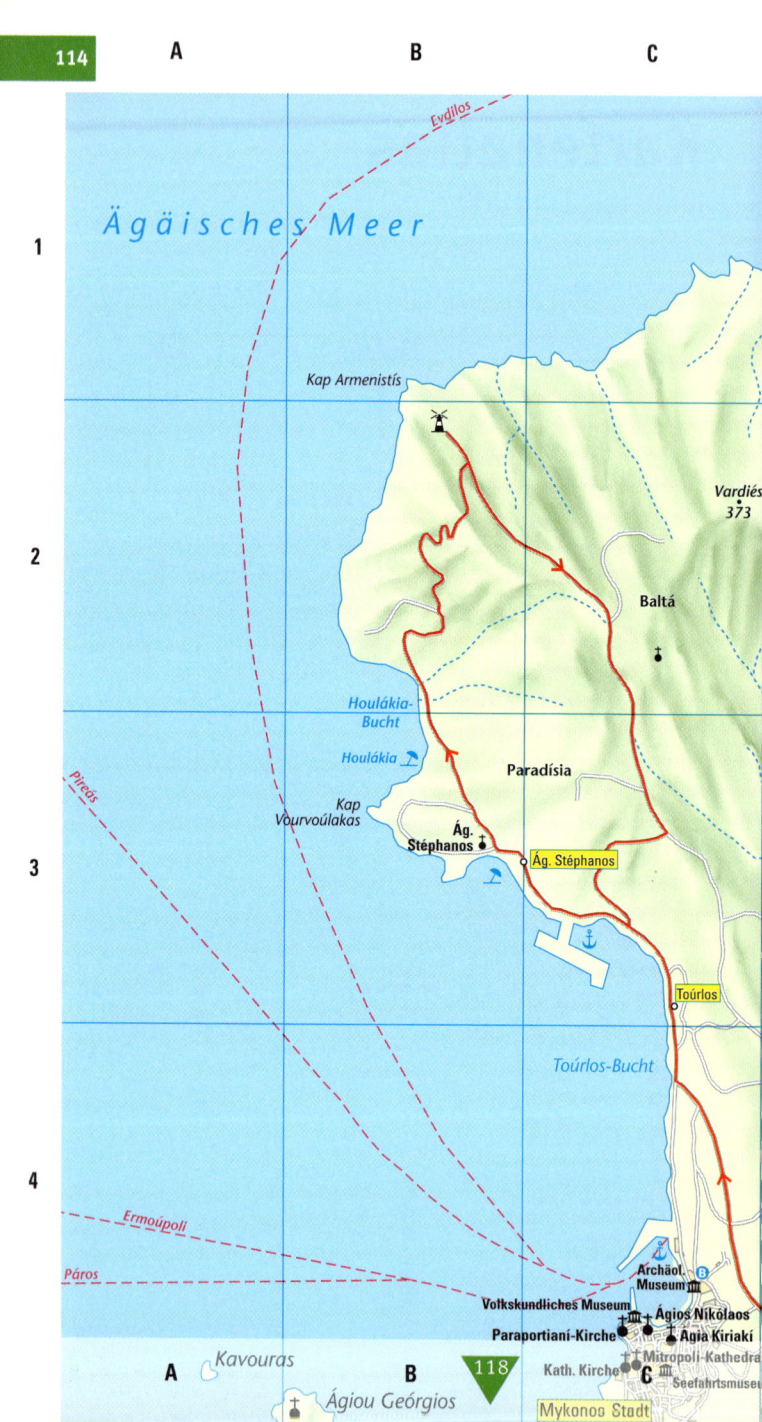

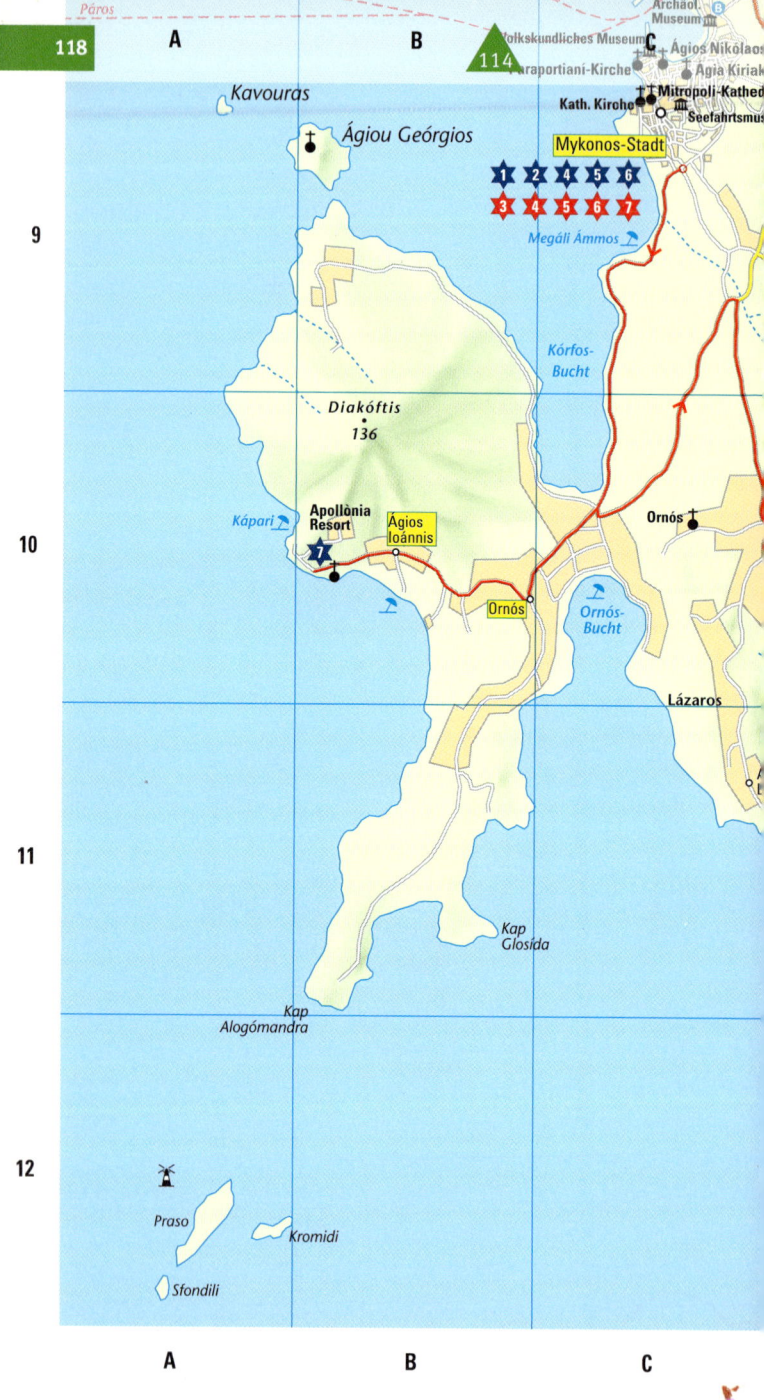

Kartenregister

Ág. Anastasía ★ 120, A14
Ag. Ánna ~ 119, D11
Ag. Ánna ★ 119, E11
Ag. Ánna ~ 120, C13
Ag. Ánna ~ 116, B6
Ág. Geórgios ★ 118, B9
Ág. Geórgios ★ 115, D3
Ág. Geórgios ★ 120, A13
Ág. Ioánnis ○ 118, B10
Ág. Kiriakí ★ 114, C4
Ág. Nikólaos ★ 114, C4
Ág. Pandeleímonas ★ 115, D4
Ág. Paraskeví ★ 115, D3
Ág. Patápios ★ 115, F4
Ág. Sóstis ★ 115, E2
Ág. Sóstis ~ 115, E2
Ág. Stéphanos ★ 114, B3
Ág. Stéphanos ○ 114, C3
Agrári ~ 120, A14
Ano Mera ★ 116, B8
Ano Mera ○ 116, A7
Ano Rematiaris Δ 121, E14
Archäologische Fundstätte ★ 115, F4
Archäologisches Museum ★ 114, C4

Baltá ★ 114, C2

Delos ★ 121, F15
Diakóftis ▲ 118, B10

Eliá ▲ 120, B14
Eliá ~ 120, A14
Eliá ○ 120, A14

Fokós ~ 116, C6
Franglá ~ 121, E13
Fteliá ~ 115, F3
Ftelias ★ 115, F3/4

Ghisi-Festung ★ 116, A8

Halasrta ∞ 119, F10
Halbinsel Divoúnia Δ 120, C13
Hironisi Δ 121, E16
Houlákia ~ 114, B3
Houlákia-Bucht ~ 114, B2

Kafé Kávos Δ 119, D11
Kalafáti ~ 120, C13
Kalafáti ★ 120, C13
Kalafáti ○ 120, C13
Kaló Livádi ~ 120, B13
Kap Agrári Δ 119, F11
Kap Algómandra Δ 118, B11
Kap Armenistís Δ 114, B1
Kap Blintrís Δ 119, F11
Kap Évros Δ 117, F7
Kap Glosída Δ 118, B11
Kap Goní Δ 121, F13
Kap Háros Δ 117, D6
Kap Liboúnia Δ 115, E1
Kap Makrokéfalos Δ 120, B15
Kap Mávros Δ 116, B5
Kap Mórti Δ 121, F13
Kap Tarsanás Δ 121, D13
Kap Vourvoúlakas Δ 114, B3
Kápari ~ 118, A10
Kasomítis ∞ 119, D10
Kath. Kirche ★ 118, C9
Káto Livádia ★ 116, C7
Kato Rematiaria Δ 121, E15
Káto Tigáni ~ 117, F8
Kavouras Δ 118, A9
Kloster Paleókastro ★ 116, A8
Kloster Panagía Tourlianí ★ 116, A8
Kórfos-Bucht ~ 118, C9
Koúnoupas ▲ 119, E9
Kromidi Δ 118, A12
Kynthos ▲ 121, F15

Lázaros ∞ 118, C10
Lemonítra ★ 116, A6
Liá ~ 121, D13

Maráthi ~ 115, E3
Marmaronisi Δ 115, F1
Mavróspilia ▲ 115, E3
Megáli Ámmos ~ 118, C9
Megálo Vouní ▲ 115, E4
Merchiás ~ 117, D7

Mersíni ~ 116, B6
Mitropoli-Kathedrale ★ 118, C9
Mykonos-Stadt ○ 118, C9

Ornós ○ 118, B10
Ornós ★ 118, C10
Ornós-Bucht ~ 118, C10

Páno Tigáni ~ 117, F7
Pánormos ~ 115, E3
Pánormos ○ 115, E2
Pánormos-Bucht ~ 115, F3
Paradise ~ 119, E11
Paránga ~ 119, E11
Paraportianí-Kirche ★ 114, C4
Pirgí ○ 119, E11
Platís Gialós ~ 119, D11
Platís Gialós ○ 119, D11
Plintíria ~ 117, E7
Praso Δ 118, A12
Prof. Ilías ★ 115, D2
Prof. Ilias Anomerítis ▲ 117, E8
Psaroú ~ 119, D11
Psaroú ○ 119, D11

Seefahrtsmuseum ★ 118, C9
Sfondili Δ 118, A12
Super Paradise ~ 119, F11

Toúrlos ○ 114, C3
Toúrlos-Bucht ~ 114, C4
Tsángari ~ 121, E13

Vardiés ▲ 114, C2
Vathiá Langáda ~ 117, F7
Volkskundliches Museum ★ 114, C4

Watermania ★ 120, A14

○ Orte
▲ Gebirge, Berg
★ Sehenswürdigkeit
~ Gewässer, Strand
Δ Insel, Kap
∞ Landschaft

Wenn uns eine
Aussicht in Atem hält ...
... dann muss es live! sein
MERIAN live!
NEU
Toskana
MIT KAPITEL NEU grüner reisen
Uffizien › Pinakothek von Weltrang
Chianti › Malerische Weinorte
Palio in Siena › Berühmtes Pferderennen
& Kartenatlas im Buch
Extra-Karte zum Herausnehmen
MERIAN
Die Lust am Reisen

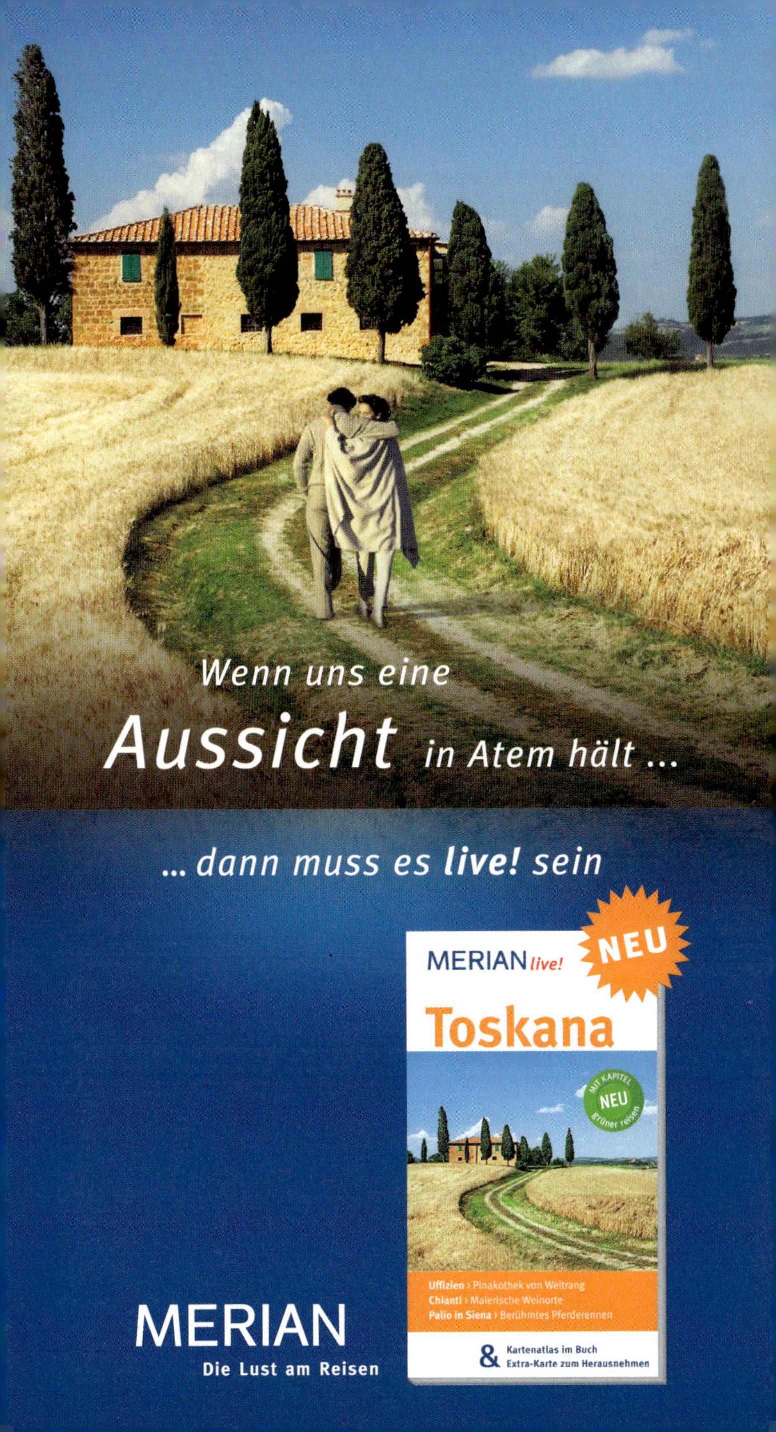

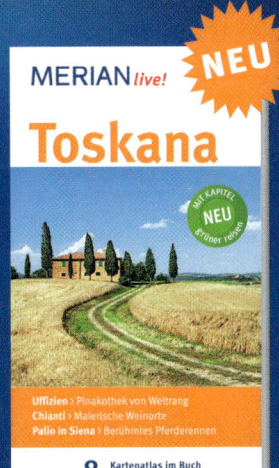

Orts- und Sachregister

Wird ein Begriff mehrfach aufgeführt, verweist die **fett** gedruckte Zahl auf die Hauptnennung, eine *kursive* Zahl auf ein Foto.
Abkürzungen:
Hotel [H]
Restaurant [R]

Abendessen 16
Agía Ánna [Ostküste, MERIAN-TopTen] **74**, 85
Agía Ánna [Südküste] **63**, 84
Agía Eléni [Mykonos-Stadt] 40
Ágios Ioánnis **57**, 84
Ágios Sóstis *78*, **79**, 85
Ágios Stéfanos 30, **59**, 85
Agora der Delier [Delos] 89
Agora der Kompitaliasten [Delos] 88
Agrári **63**, 84
Agrári Beach [R, Agrári] 64
Akri [R, Fteliá] 80
Albatros Club Resort [H, Pánormos] 81
Alefkándra [R, Mykonos-Stadt] 51
Alefkándra-Viertel [Mykonos-Stadt] 41
Álkistis [H, Ágios Stéfanos] 59
Altstadtgassen [Mykonos-Stadt, MERIAN-TopTen] 37, 46, *47*, 64
Anastasía Village [H, Agía Ánna] 74
Ancient Tower [Turm von Lino, Paránga] 65
Andachtsbild *81*
Andrónikos Hotel [H, Drafaki, MERIAN-Tipp] 13
Áno Merá [MERIAN-TopTen] **71**, 84, 85
Áno Merá und der Osten 70, *70*
Anreise 106
Apollontempel [Delos] 89
Antiquitätengeschäfte 24
Aphrodite Beach [H, Kalafáti] 75
Apollónia Resort [H, Ágios Ioánnis, MERIAN-Tipp] 58
Apotheken 108
Aquarius [R, Kalafáti] 75
Archäologisches Museum [Delos] 92
Archäologisches Museum [Mykonos-Stadt, MERIAN-TopTen] 42, *42*
Ausflüge 82
Auskunft 107
Auto 111

Badeboote [Platís Gialós, MERIAN-TopTen] **63**, 67, 69
Baden *32*, 33
Barbarossa Mykonos Restaurant [R, Angelika] **19**, 50
Bárkia [R, Mykonos-Stadt] 52
Belvedere [H, Mykonos-Stadt] 48
Bevölkerung 96
Boni's Windmühle [Landwirtschaftliches Museum, Mykonos-Stadt] 44
Boutiquen 23
Buchtipps 107
Bus statt Auto 21
Busse 111

Caprice [R, Mykonos-Stadt, MERIAN-Tipp] 55, 56
Carbonáki [H, Mykonos-Stadt] 49
Chez Maria [R, Mykonos-Stadt] 51
Chorá 4, *4*, 5, 84

Daphne [R, Áno Merá] *73*
Delos [MERIAN-TopTen] 5, *82*/*83*, **86**
Der äußerste Osten 76
Designerstücke 23
Dionysos-Haus [Delos] 92
Diplomatische Vertretungen 107
Dodekatheons [Delos] 90

Einkaufen 22
Éléna [H, Mykonos-Stadt] 49
Eliá **64**, 84
Eliá Beach Restaurant [R, Eliá Beach, MERIAN-Tipp] *62*, **65**, 84
Elysium [H, Mykonos-Stadt] 50
Essen 14
Eva's Garden [R, Mykonos-Stadt] 51
Events 26

Familientipps 32
Feiertage 108
Feste 26, *26*
FKK 109
Flugzeug 106
Fokós 31, 79
Fotografieren 109
Frühstück 15
Fteliá **79**, 85
Fußbodenmosaike [Delos] *91*

Galerie Scala [Mykonos-Stadt, MERIAN-Tipp] 54
Gallúp [R, Platís Gialós] 68
Gebetsketten 24
Geld 108
Geografie 96
Geschichte 98
Gewürze 25
Gold- und Silberschmuck 23
Granitbau [Delos] 90
Granit-Palästra [Delos] 91
Grecotel Mykonos Blu [H, Psaroú] 68

Orts- und Sachregister 125

Griechische Küche *17*
grüner reisen 18

Hafen [Mykonos-Stadt] 38
Halbinsel Divoúnia 74
Halle der Stiere [Delos] 90
Haus der Delfine [Delos] 92
Haus der Kleopatra und des Dioskurides [Delos] 92
Haus der Komödianten [Delos] 91
Haus der Léna [Mykonos-Stadt] *44, 45*
Haus der Masken [Delos] 92
Haus der Naxier [Delos] 89
Haus der Poseidoniasten [Delos] 91
Haus des Dreizacks [Delos] 92
Haus des Hermes [Delos] 93
Haus des Inopos [Delos] 93
Heilige Straße [Delos] 89
Heiliger See [Delos] 91
Heiligtum der Syrischen Götter [Delos] 93
Heraion [Delos] 93
Herberge [Delos] 92
Horseland [Áno Merá] 33
Hotel Paradise View [R, Paradise Beach] **19**, 65
Hotelkategorien 13
Houlákia-Bucht 85
Hügel-Haus [Delos] 91
Hypostyl-Saal [Delos] 90

Ikonen 24
Inselrundfahrt 84
Internet 108

Kafeníon Ellás [R, Áno Merá] 73
Kaffee 17
Kalafáti [MERIAN-TopTen] **31**, 74, *75,* 85
Kaló Livádi [MERIAN-TopTen] **76**, *77,* 84
Kap Armenistís 30, **59**, *59,* 85
Karolina [Mykonos-Stadt, MERIAN-Tipp] 40
Kasárma [R, Mykonos-Stadt] 52
Kástro [Burgviertel, Mykonos-Stadt] 38
Káto 77
Katrin's [R, Mykonos-Stadt] 50
Kleidung 109
Kloster Ágios Pandeleímonas [Pánormos] 80
Kloster Paleókastro [Áno Merá] 72
Kloster Panagía Tourlaní [Áno Merá] 71, *73, 94/95*
Kounélas [R, Mykonos-Stadt] *51,* 52
Krankenhaus 108
Krankenversicherung 108
Kulinarisches Lexikon 104
Kynthos [Delos] 93
Kynthos-Höhle [Delos] 93

La Barca [R, Kaló Livádi] 76
La Residence [H, Kalafáti] 75
Lady Anna [H, Platís Gialós] 68
Lage 96
Lalaoúnis [Mykonos-Stadt] 23, *53,* 54
Lederwaren 24
Letoon [Delos] 90
Liá [MERIAN-TopTen] **76**, 85
Lotus [R, Mykonos-Stadt] 52
Löwenterrasse [Delos] *88,* 91

Madoúpas [R, Mykonos-Stadt] 53
Máki's Place [H, Toúrlos] 61
Mamacas [R, Mykonos-Stadt] 52
Manoúla's Beach Hotel [H, Ágios Ioánnis] 58
Maráthi-Stausee 80, 85
Márkos Taverne [R, Halbinsel Divoúnia] 74
Marktplatz der Italiker [Delos] 90
Marmorlöwen [Delos] 90
Mathiós [R, Toúrlos] 61
Medizinische Versorgung 108
Megáli Ámmos 84
Merchiás Beach 77
Mersíni Beach 79
Mietfahrzeuge 111
Mínoa-Brunnen [Delos] 90
Mittagessen 16
Musik 25
Myconian Ambassador Hotel [H, Platís Gialós] *12,* 67
Myconian Imperial Resort & Thalasso Spa Center [H, Eliá Beach, MERIAN-Tipp] 66, *67*
Myconos Palace [H, Platís Gialós] 68
Mykenische Grabkammer [Delos] 90
Mykonos Diving Center [Paradise Beach, MERIAN-Tipp] 30
Mykonos Grand Hotel & Resort [H, Ágios Ioánnis] **19**, 58
Mykonos-Stadt *2, 4, 22, 25, 34/35,* **36**, *36, 49,* 84, 85

Nachtleben [Mykonos-Stadt, MERIAN-TopTen] 55
Námmos [R, Psaroú] **69**, 84
Naxier-Stoá [Delos] 89
Nebenkosten 109
Nicolas [R, Agía Ánna] 63
Nikolétta [Mykonos-Stadt] **20**, 54
Nikos Tavern [R, Mykonos-Stadt] *14,* 52
Nordküste 78
Notruf 108

Óchi-Tag 27
Öffnungszeiten 17

REGISTER

Olivenöl 25
Ornós **60**, 63, 84
Ornós Beach [H, Ornós] 61
Óti apomeine [R, Áno Merá] 74

Panagía Paraportianí [Mykonos-Stadt, MERIAN-TopTen] 40, *41*
Pandopoleion [Mykonos-Stadt] **20**, 54
Páno Tigáni 77
Pánormos 31, 79, **80**, 85
Pánormos Village, [H, Amigdalidi, MERIAN-Tipp] 80
Paradise Beach [MERIAN-TopTen] **31**, 63, **65**, 84
Paránga 63, **65**, 84
Paraportianó 16, 20, 25, 71
Petasos Beach Resort & Spa [H, Platís Gialós] 67
Philíppi [H/R, Mykonos-Stadt] 50
Philipps-Stoá [Delos] 89
Pietra e Mare [H, Kaló Livádi] 76
Plakota Farm [R, Vassilika] **19**, 73
Platís Gialós 63, **66**, 84
Politik 97
Poseidon [H, Mykonos-Stadt] 50
Post 109
President's Place [R, Áno Merá] 73
Profítis Ilías 85
Profítis Ilías Anomerítis 76
Propyläen [Delos] 89
Psaroú **68**, 84
Psaroú Beach [H, Psaroú] 69

Raceland 33
Reedereien 107
Reisedokumente 109
Reiseknigge 109
Reisewetter 109
Reiten 29

Religion 97
Restaurant Ávra [R, Mykonos-Stadt, MERIAN-Tipp] 15
Retsina 16
Rochári [H, Mykonos-Stadt] 50

Sale & Pepe [R, Mykonos-Stadt] 51
San Giorgio [H, Paránga] 66
Santa Marina Resort [H, Ornós] *10/11*, 60, *60*
Schatzhäuser [Delos] 90
Schiff 106
Seefahrtsmuseum [Mykonos-Stadt] 45
See-Haus [Delos] 91
See-Palästra [Delos] 91
Semeli [H, Mykonos-Stadt] 49
Serapeion A [Delos] 93
Serapeion C [Delos] 93
Skulpturen 24
Spirituosen 17
Sport 28
Sprache 97
Sprachführer 100
Stoá des Antigonos [Delos] 89
Stoibadeion [Delos] 92
Strände 28, **30**, *32*
Strände im Südosten [MERIAN-TopTen] 31, 74, 77
Stromspannung 110
Südküste 62, *85*
Süd-Stoá [Delos] 89
Sunrise Beach [H, Agrári] 64
Super Paradise *28*, **31**, 63, **69**, 84

Ta Koupiá [R, Mykonos-Stadt] 52
Tauchen 29
Taverne La Luna [R, Liá] 76
Taverne Liá Beach [R, Liá] 76

Taverne Sunset [R, Ágios Ioánnis] 58
Taxis 112
Telefon 110
Tempel der Aphrodite [Delos] 93
Tempel der Delier [Delos] 89
Tennis 29
Textilien 24
Tiere 111
To Apodosidi Tou Filippi [Mykonos-Stadt] **20**, 54
Töpferware 24
Touren 82
Toúrlos **61**, 85
Trinken 14
Trinkgeld 109
Trinkwasser 111
Tsángari 85

Übernachten 12

Vangelis [R, Áno Merá] 73
Venetía-Viertel, »Klein-Venedig« [Mykonos-Stadt, MERIAN-TopTen] *34/35*, 40, *49*
Verkehr 111
Volkskundliches Museum [Mykonos-Stadt] 45
Vorwahlen 110

Wandern 29
Wasserski 30
Wassertaxis 112
Watermania 33
Wein 16, 20, *21*, 71
Windmühlen [Mykonos-Stadt] *36*, 42, *49*
Windsurf Center Mykonos [Kalafáti Beach] 33
Windsurfen 30, *31*
Wirtschaft 97

Xidákis [H, Ornós] 61

Zeit 112
Zéphyros [H, Paránga] 66
Zoll 112
Zorzís [H, Mykonos-Stadt] 50

Entdecken Sie die ganze Welt von MERIAN *live!*

Von Ägypten bis Zypern: MERIAN *live!* bringt Ihnen mit über 150 Ausgaben die schönsten und spannendsten Reiseziele der ganzen Welt näher, die wichtigsten Sehenswürdigkeiten, topaktuelle Adressen und außergewöhnliche Empfehlungen. www.merian.de

MERIAN
Die Lust am Reisen

IMPRESSUM

Liebe Leserinnen und Leser,
vielen Dank, dass Sie sich für einen Titel aus unserer Reihe MERIAN *live!* entschieden haben. Wir freuen uns, Ihre Meinung zu diesem Reiseführer zu erfahren. Bitte schreiben Sie uns an merian-live@travel-house-media.de, wenn Sie Berichtigungen und Ergänzungen haben – und natürlich auch, wenn Ihnen etwas ganz besonders gefällt.

Alle Angaben in diesem Reiseführer sind gewissenhaft geprüft. Preise, Öffnungszeiten usw. können sich aber schnell ändern. Für eventuelle Fehler übernimmt der Verlag keine Haftung.

© 2012 TRAVEL HOUSE MEDIA
  GmbH, München
MERIAN ist eine eingetragene Marke der GANSKE VERLAGSGRUPPE.

1. Auflage

Alle Rechte vorbehalten. Nachdruck, auch auszugsweise, sowie die Verbreitung durch Film, Funk, Fernsehen und Internet, durch fotomechanische Wiedergabe, Tonträger und Datenverarbeitungssysteme jeglicher Art nur mit schriftlicher Genehmigung des Verlages.

BEI INTERESSE AN DIGITALEN DATEN AUS DER MERIAN-KARTOGRAPHIE:
kartographie@travel-house-media.de

BEI INTERESSE AN ANZEIGENSCHALTUNG:
KV Kommunalverlag GmbH & Co KG
MediaCenterMünchen
Tel. 0 89/92 80 96 44
winzer@kommunal-verlag.de

Ein Unternehmen der
GANSKE VERLAGSGRUPPE

TRAVEL HOUSE MEDIA
Postfach 86 03 66
81630 München
merian-live@travel-house-media.de
www.merian.de

PROGRAMMLEITUNG
Dr. Stefan Rieß
REDAKTION
Anne-Katrin Scheiter
LEKTORAT
Kerstin Seydel-Franz
BILDREDAKTION
Anna Hoene
SCHLUSSREDAKTION
Kathrin Ullerich
SATZ/TECHNISCHE PRODUKTION
h3a GmbH, München
REIHENGESTALTUNG
Independent Medien Design,
Elke Irnstetter, Mathias Frisch
KARTEN
Gecko-Publishing GmbH
für MERIAN-Kartographie
DRUCK UND BUCHBINDERISCHE VERARBEITUNG
Stürtz Mediendienstleistungen, Würzburg
GEDRUCKT AUF
Eurobulk von der Papier Union

BILDNACHWEIS
Titelbild (Uferpromenade, Mykonos-Stadt), Mauritius Images/Imagebroker
Mauritius Images: Alamy 64, 82/83, Imagebroker 28, United Archives 76 • Alamy: I. Pompe 49, 51 • Arco Images: Camerabotanica 18 • Bildagentur Huber: Kaos03 2 • Blume Bild: H. Blume 62 • Fan & Mross: P. Mross 31, 69 • Fotolia 21 • Hotel Ambassador 21 • Hotel Santa Marina 10/11, 60 • Ilias Laloúnis 53 • Istockphoto 32 • laif: hemis.fr/S. Pitamitz 94/95, A. Hub 36, 59, 96, Huber 26, F. Tophoven 22, 34/35, 47 • Look: I. Pompe 55 • Scala Gallery 9 • Semeli Hotel 17 • Shutterstock 4, 41, 75 • S. Weiss 25, 70, 73, 81, 85, 88, 91, 93 • Ullstein Bild: Hackenberg 42, 44, 67, 78 • Visum: R. Hackenberg 14